Schriften zur psycho-sozialen Gesundheit

Michael Reicherts

Emotionale Offenheit und Emotionsregulation in der sozialtherapeutischen Arbeit mit jungen Menschen

Ein neuer Ansatz

Impressum

CIP-Titelaufnahme der Deutschen Bibliothek
Michael Reicherts
Emotionale Offenheit und Emotionsregulation in der sozialtherapeutischen Arbeit mit jungen
Menschen – Ein neuer Ansatz

Diese Arbeit erscheint im Rahmen der Reihe
"Schriften zur psycho-sozialen Gesundheit"
Herausgeber:
Prof. Dr. Frank Como-Zipfel
Dr. Gernot Hahn
Prof. Dr. Helmut Pauls

Coburg: ZKS-Verlag
Alle Rechte vorbehalten

© 2014 ZKS-Verlag

Cover-Design: Leon Reicherts
Technische Redaktion: Tony Hofmann

ISBN 978-3-934247-73-4

Der ZKS-Verlag ist eine Einrichtung der Zentralstelle für Klinische Sozialarbeit (ZKS)
UG (haftungsbeschränkt), HRB Nummer 5154
Geschäftsführer: Prof. Dr. Helmut Pauls und Dr. Gernot Hahn.

Anschrift:
Zentralstelle für Klinische Sozialarbeit
Mönchswiesenweg 12 A
96479 Weitramsdorf-Weidach

Kontakt:
info@zks-verlag.de
www.zks-verlag.de
Tel./Fax (09561) 33197

Gesellschafter der ZKS:
- IPSG-Institut für Psycho-Soziale Gesundheit (gGmbH) – Wissenschaftliche Einrichtung
  nach dem Bayerischen Hochschulgesetz an der Hochschule Coburg, Staatlich anerkannter
  freier Träger der Jugendhilfe, Mitglied im PARITÄTISCHEN Wohlfahrtsverband.
  Amtsgericht Coburg. HRB 2927.
  Geschäftsführer: Dipl.-Soz.päd.(FH) Stephanus Gabbert
- Dr. Gernot Hahn
- Prof. Dr. Helmut Pauls

Emotionale Offenheit und Emotionsregulation
in der sozialtherapeutischen Arbeit mit jungen Menschen
Ein neuer Ansatz

Der vorliegende Text ist die erweiterte Fassung eines Festvortrags anlässlich *„20 Jahre IPSG - Klinische Sozialarbeit"*, den der Autor am 14. November 2014 am Institut für Psychosoziale Gesundheit (IPSG) in Weitramsdorf gehalten hat.

Der Vortrag und der vorliegende Text sind dem IPSG
und seinen Mitarbeiterinnen und Mitabeitern gewidmet.

Einzelne der hier zugrundeliegenden Untersuchungen wurden im Rahmen des Swiss National Center of Competence of Research (NCCR) „Affective Sciences" realisiert.

Vom Schweizerischen Nationalfonds (Swiss National Foundation) gefördert wurden die Forschungsprojekte:

„Daily life stressors, coping and well-being of young adults entering the work force" (1997-2000; Grant No. 5004-47900) Projektleiter: M. Reicherts

„Individual and social emotion regulation in the family" (2005-2009; Grant No. 51A240-104897) Projektleiter: M. Perrez & M. Reicherts

Der Autor ist zahlreichen KollegInnen und ProjektmitarbeiterInnen zu Dank verpflichtet. Insbesondere aber dankt er:

Helmut Pauls, Philippe A. Genoud, Meinrad Perrez, Stéphanie Haymoz, Grégoire Zimmermann, Virginie Salamin, Christian Maggiori, Tatiana Walther, Fabrice Brodard, Laurent Rossier, Jérôme Rossier, Yann Rossier, Patrizia Montini, Laurence Defago, Catherine Hulmann, Louella Molina, Dominique Page

Fribourg/Schweiz, im Dezember 2014   Michael Reicherts

Der Autor:

Prof. em. Dr. phil. Michael Reicherts, Diplom-Psychologe, Fachpsychologe für Gesundheitspsychologie FSP, Departement für Psychologie, Universität Fribourg/Schweiz und Fernuniversität Unidistance/Suisse.

Inhaltsverzeichnis

1. Einleitung

Emotionen begleiten unser Leben und bestimmen es mit. Emotionen sind allgegenwärtig – und erfüllen wichtige Funktionen, die uns nicht immer bewusst sind: Sie stellen uns rasche Interpretations- und Reaktionsmöglichkeiten bereit und sorgen für unsere Anpassung an schwierige Situationen: zum Beispiel wenn wir überrascht sind oder bedroht – und deshalb fliehen oder uns verteidigen müssen. Emotionen stimmen uns mit anderen Menschen ab: Sie sorgen mit dafür, dass andere sehen können, wie es uns geht, wenn wir Gefahren entdecken oder Hindernisse überwinden sollen. Das sind elementare, organismische Funktionen von Emotionen, wie sie sich in der Phylogenese entwickelt haben und den Menschen als Hordenwesen in einer oft feindlichen, widerspenstigen und unvorhersagbaren Umwelt mitbestimmt und seine Anpassung, sein Überleben gesichert haben.

Emotionen haben eine Signalfunktion für uns selbst und für andere im sozialen Austausch, sie bereiten unsere Reaktionen und Verhaltensweisen vor, indem sie Energie bereitstellen und unseren Körper und unser kognitives System in Aktionsbereitschaft versetzen: sie helfen, unsere Aufmerksamkeit zu lenken, Entscheidungen zu beschleunigen und uns zu wehren – oder uns besser zurückzuziehen. Emotionen beinhalten zum grossen Teil schnelle und automatisierte Reaktionen, die wir in einem nachfolgenden Schritt „verarbeiten", elaborieren und regulieren können – oder müssen.

Wir alle kennen den Ärger, der in uns aufsteigt, wenn ein Kollege uns unangemessen kritisiert, oder die Furchtreaktion, wenn ein Hund überraschend auf uns zuläuft. Wir kennen die Trauer, wenn wir von einer geliebten Person Abschied nehmen müssen – aber auch die Freude, wenn uns überraschend etwas Schönes widerfährt oder ein langgehegter Wunsch in Erfüllung geht.

Aber die Funktionalität von Emotionen kann gestört sein: Bei allzu häufiger oder übermässiger Angst, der Neigung zu explosivem Ärger oder anhaltender dysphorisch-deprimierter Stimmung kann die Situations-Anpassung deutlich beeinträchtigt werden – und zwar *durch* die damit verbundenen unangemessenen Reaktionsbereitschaften und Erlebniszustände. Diesen problematischen Formen der Affektivität liegt meist eine unangemessene Emotionsverarbeitung und -regulation zugrunde (zu „Funktionalität" und „Situations-Angemessenheit" siehe auch Perrez & Reicherts, 1992).

1.1. Emotionen – Stimmungen – Kernaffekte: Varianten der Affektivität

Wir interessieren uns aber nicht nur für Emotionen allein, sondern auch für andere emotionale Zustände, wie Stimmungen oder den sogenannten „Kernaffekt". Alle drei Erlebensformen sind Varianten der Affektivität. Sie werden uns im Rahmen der emotionalen Offenheit noch wieter beschäftigen. Tabelle 1 fasst die Kennzeichen der verschiedenen Formen Überblick zusammen, in Tabelle 2 werden Beispiele gezeigt.

Emotionen werden durch – äussere oder innere – Situationen ausgelöst und haben, wie wir schon gesehen haben, eine Anpassungsfunktion: Sie bereiten den Organismus vor. Prozesse verschiedener Systeme oder Subsysteme des Organismus laufen in einer Emotion zusammen und werden „synchronisiert": z.B. psychophysiologische Aktivation, hirnphysiologische Prozesse, sogenannte Verhaltensbereitschaften und kognitive Prozesse, einschliesslich des „Erlebens" des „Gefühls". Die meisten Emotionen sind von eher kurzer Dauer und hoher Intensität. Wir kennen eine Vielzahl solcher Erlebenszustände, darunter auch die sog. Basisemotionen: Angst/Furcht, Ärger, Ekel/Abscheu, Trauer, Überraschung und Freude (z.B. Ekman, Friesen & Ellsworth, 1982; Ekman, 1999).

Tabelle 1: Emotion – Stimmung – Affekt: Grundbegriffe

Emotionen (z.B. Frijda, 1994; Scherer, 2005)
- situationsbezogene psychische Prozesse mit Anpassungsfunktion
- reflektieren synchronisierte Muster verschiedener psychischer Subsysteme
- eher von kurzer Dauer und von hoher Intensität

Stimmungen (z.B. Frijda, 1994; Morris, 1989)
- nicht – oder in geringem Masse – situationsbezogene psychische Prozesse
- längere Dauer (Stunden, Tage)
- geringere Intensität

Kernaffekte „core affect" (z.B. Russell, 2003; Russell, Weiss & Mendelsohn, 1989)
- zentrale Elemente aller affektiven Prozesse
- umfassen elementare psychobiologische Dimensionen: Aktivierung u. Valenz

Affekte (z.B. Gross, 1998; Scherer, 2005)
- übergeordnete Kategorie
- umfassen verschiedene affektive (oder emotionale) Phänomene

Gefühle (z.B. Scherer, 2003)
- bewusst erlebter Teil von Emotionen
- kognitiv erfahrene affektive Erlebniszustände

Stimmungen dagegen sind von längerer Dauer (Stunden, Tage, manchmal Wochen) und weniger markant und intensiv (Morris, 1989). Sie sind nicht oder in geringerem Masse situationsbezogen. Ihre Erlebensqualität ähnelt den Emotionsqualitäten: so spricht man u.a. von ängstlicher Stimmung, von ärgerlicher oder fröhlicher Stimmung.

Kernaffekt nennt man einen elementaren Affektzustand, der – so die Annahme – in allen affektiven Prozessen (Emotionen, Stimmungen) enthalten ist (Russell, 2003). Der Kernaffekt umfasst zwei Komponenten oder Dimensionen: einerseits die Valenz oder Wertigkeit – die Angenehmheit-Unangenehmheit des Affektzustandes – und andererseits die psycho-physiologische Aktivierung (Russell, Weiss & Mendelsohn, 1989). Theoretisch können wir den Kernaffekt immer wahrnehmen oder anzugeben versuchen: Er ist eine Art Grundbefindlichkeit und unsere mehr oder weniger prägnante Hintergrundstimmung: z.B. mögen sich viele zu Beginn eines Vortrags, dem sie folgen, relativ ruhig (oder mittelmässig aktiviert) und relativ wohl fühlen (eine leicht positive Valenz), ohne dass sie eine prägnante Stimmung (z.B. „neugierig-aufmerksam") oder gar eine markante Emotion (z.B. grosse Freude an dem Vortrag) erleben. Der Kernaffekt ist in dieser Sichtweise – noch – nicht zu einer deutlichen Stimmung oder Emotion geworden.

Tabelle 2: Emotion – Stimmung – Affekt: Beispiele

Emotionen
Ärger über die unangemessene Kritik eines Kollegen
Furcht vor einem angriffslustigen Hund
Enttäuschung über das Misslingen eines wichtigen Vorhabens
Trauer über einen Verlust einer lieben Person
Freude über ein unerwartetes Geschenk
Überraschung über einen plötzlichen Besuch

Stimmungen
Ärgerlich-gereizte Grundstimmung (seit dem Morgen)
Ängstlich-nervöse Stimmung (über den Tag)
Traurig-bedrückte Grundstimmung (seit einer Woche)
Ungewiss-besorgte Stimmung (sich flau fühlen; z.B. für die Dauer einer Erkrankung)

Kernaffekt „core affect"
Hohe Aktivierung und hohe Angenehmheit (bei Freude oder Jubel)
Hohe Aktivierung und hohe Unangenehmheit (bei panischer Angst oder Wut)
Niedrige Aktivierung und hohe Unangenehmheit (bei Deprimiertheit oder Trauer)
Niedrige Aktivierung und hohe Angenehmheit (bei tiefer Entspannung)

1.2. Emotionen erleben und verarbeiten

Emotionen sind aber nicht nur einfach „da", sondern wir erleben und verarbeiten sie: vom ersten Augenblick ihrer Entstehung an „machen wir etwas mit ihnen" (siehe auch die Übersicht in Tabelle 3):

- Wir nehmen sie wahr oder werden uns – vielleicht allmählich – über sie klar;
- wir entdecken körperliche Phänomene, die sie begleiten (z.B. der trockene Hals und die steigende Herzfrequenz bei besorgter Aufregung, oder die behagliche Neugier zu Beginn eines Vortrags, dem man zuhört);
- wir bringen unsere Emotionen zum Ausdruck (z.B. das nervöse Nesteln oder Herumlaufen bei besorgter Aufregung) oder teilen sie anderen mit (So wie man, zwar nicht in jeder Situation, sagen könnte: Ich bin jetzt aufgeregt…);
- schliesslich modifizieren oder regulieren wir unsere Emotionen. Wenn es sich um negative Emotionen handelt, sie also mehr oder weniger unangenehm sind (wie der jähe Ärger, oder Angstgefühle), atmen wir dann vielleicht tief durch, gehen auf und ab, oder versuchen die Situation umzudeuten (z.B. „Vielleicht war es nicht so gemeint, was der Kollege sagte"); oder aber wir versuchen die Situation direkt zu beeinflussen, die die Emotion direkt auslöst: z.B. könnte man – mit einer gewissen Selbstbehauptung – von dem Kollegen eine Klärung verlangen.

Nun haben wir alle Elemente beisammen, die wir für das Verständnis des Modells brauchen: „Emotionale Offenheit" modelliert die Emotionsverarbeitung und unterscheidet dabei fünf Komponenten, die voneinander relativ unabhängig sind. Das Konzept baut auf modernen Emotionstheorien von Lazarus (1991), Frijda (1994a, 1994b) und Scherer (2005; Davidson, Scherer & Goldsmith, 2003) auf und vereint sie mit aktuellen Therapieansätzen, wie der „Emotionsfokussierten Therapie" von Greenberg und Mitarbeitern (Greenberg, 2002) oder der neuesten Generation der kognitiven Verhaltenstherapie (z.B. Heidenreich & Michalak, 2013). Das Modell basiert also sowohl auf aktuellen psychologischen Emotionstheorien als auch auf klinisch-therapeutischen Behandlungsansätzen.

Tabelle 3: Emotionen erleben und verarbeiten: Beispiele

Sich-Vergegenwärtigen, Sich-Klarwerden über seine Emotionen (REPCOG)
Was genau empfindet man - welche Emotion erlebt man („Wie fühlt sich das genau an")
Womit hängt eine Emotion zusammen („Warum bin so ärgerlich?")

Wahrnehmen von körperlichen Emotions-Phänomenen (PERINT & PEREXT)
Starkes Herzklopfen (bei aufsteigendem Ärger)
Zugeschnürte Kehle, trockener Mund (bei ängstlich-nervöser Aufregung)
Zittern in einer unerwarteten bedrohlichen Situation
Erröten bei Scham oder Schuldgefühlen

Ausdrücken und Mitteilen von Emotionen (EMOCOM)
Für andere sichtbar machen, was man empfindet
Nach aussen zeigen oder zum Ausdruck bringen, wie es einem (emotional) geht
Jemand anderem sagen, mitteilen, was einen bewegt, wie man empfindet
Eine andere Person teilhaben lassen an einem Gefühl (Trauer, Freude)

Emotionen „regulieren" und kontrollieren (REGEMO)
Negative Emotionen abschwächen (down-regulation) / positive verstärken (up-regulation)
Kognitive Umbewertung, Informationssuche, Ausblenden, positive Selbstverbalisation
Körperliche Entspannung (tief durchatmen), körperliche Aktivierung und Anstrengung
Soziale Unterstützung suchen/annehmen
Etwas zu sich nehmen: Essen oder eine psychotrope Substanz

2. Das Modell „Emotionale Offenheit"

Die erste und zweite Komponente des Modells – hier der untere Teil in der Abbildung 1 – betreffen die *Wahrnehmung körperlicher Anteile oder Indikatoren von Emotionen* (PERINT und PEREXT). Es handelt sich dabei:

- einerseits um die körperinternen Begleiterscheinungen (PERINT) wie starkes Herzklopfen (bei aufsteigendem Ärger), zugeschnürte Kehle, trockener Mund (bei ängstlich-nervöser Aufregung), usw.;
- andererseits um körperexterne Emotionsindikatoren (PEREXT) wie das Zittern in einer unerwarteten, bedrohlichen Situation, das Erröten bei Scham oder Schuldgefühlen, das Zappeln, Zittern oder Stammeln bei Unsicherheit.

In dem Fragebogen DOE (Dimensionen der Offenheit für Emotionen, siehe weiter unten) finden wir folgende Beispielitems:

„Bei mir sind starke Emotionen (Gefühle) von inneren, körperlichen Reaktionen begleitet."

oder

„Ich weiss, dass man auf meinem Gesicht meinen inneren Zustand ablesen kann."

Die dritte Komponente ist die *kognitive oder mentale Repräsentation von Emotionen* (REPCOG):

Sie betrifft das Sich-Vergegenwärtigen, Sich-Darüber-Klar-Sein, Vorstellen, Sich-Klarwerden, Überlegen: Was genau empfindet man, welche Emotion erlebt man („Ich habe Angst" oder „Was ist das genau, was ich gerade erlebe?"). Oder man möchte ein noch diffuses Gefühl klären: z.B. „Ist es eine Stimmung, die länger anhält oder eine Emotion?", „Welche Erlebnisqualität hat sie und wie intensiv ist sie?"

Dazu gehört auch die Frage nach der Situationsbewertung (das sog. „appraisal"; Ellsworth & Scherer, 2003): „Womit genau hängt diese Emotion zusammen? Was bedeutet sie?" oder „Warum bin ich ärgerlich?", „Warum bin ich so bedrückt und traurig?".

Ein Beispielitem aus dem Fragebogen DOE:

„Ich weiss meist sehr genau, in welchem Gefühlszustand ich mich jeweils befinde."

Die vierte Komponente betrifft den *Ausdruck und das Kommunizieren von Emotionen* (EMOCOM): Das heisst, nach aussen zu zeigen, zum Ausdruck zu bringen, wie es einem (emotional) geht, für andere sichtbar zu machen, was man empfindet. Oder auch jemand anderem aktiv mitzuteilen oder zu erzählen, was einen bewegt, wie man empfindet; oder eine andere Person an einem wichtigen Gefühl (z.B. Trauer, Freude) teilhaben zu lassen (z.B. Pennebaker, 1995).

Ein Beispielitem aus dem DOE:

„Für mich ist es wichtig, anderen mitzuteilen, wie ich mich fühle."

Abbildung 1: Emotionale Offenheit – schematisches Modell

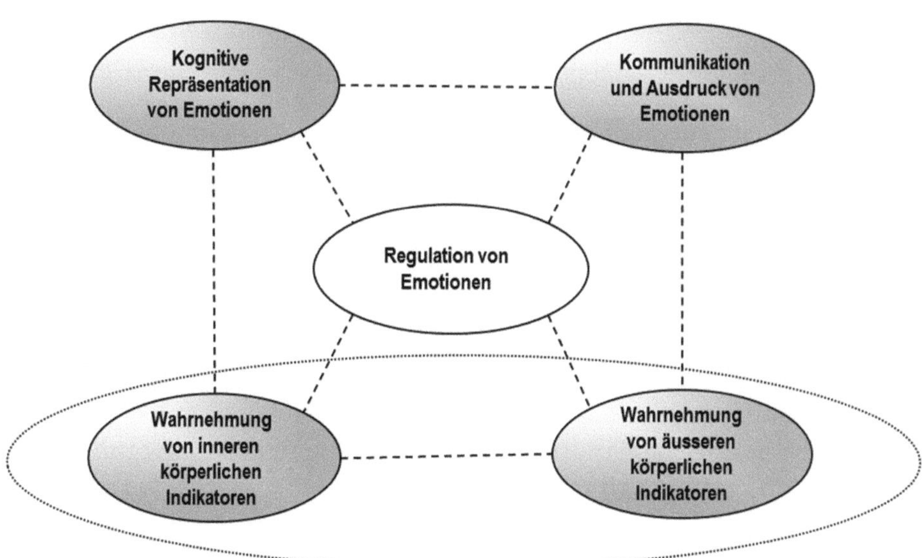

Konfirmatorische Faktorenanalyse des 5-Faktoren-Modells (20 items, 4 je Skala; N=269) SEM Fit Indizes: Chi2/df=1.54; CFI=.956; TLI=.948; RMSEA= .041

Die fünfte Komponente, hier im Zentrum abgebildet (da sie mit allen anderen zu tun haben kann), ist die *Regulation von Emotionen* (REGEMO): Es geht einerseits darum, negative Emotionen zu mildern oder abzuschwächen („affect repair" oder „down-regulation"), andererseits darum, positive Emotionen zu verstärken oder aufrechtzuerhalten („up-regulation"; vgl. Krohne, 2003; Gross, 2007). Dies kann man mit verschiedenen Techniken oder Verhaltensweisen versuchen – versuchen, wohlgemerkt, denn oft gelingt es uns nicht. Zum Beispiel (siehe auch Reicherts & Perrez, 1993; Reicherts, Pauls et al., 2011):

- auf kognitiver Ebene (durch Umbewertung, Informationssuche oder Ausblenden, positive Selbstverbalisation) oder
- auf körperlicher Ebene (durch körperliche Entspannung, tief durchatmen) oder Aktivierung (ein paar Schritte gehen, rennen);
- auf sozialer Ebene (indem man emotionalen Austausch oder Unterstützung sucht);
- indem man etwas zu sich nimmt (intake), z.B. in Form psychotroper Substanzen (Rauchen, ein Glas trinken) oder indem man etwas isst (etwas Süsses essen, v.a. Schokolade);
- schliesslich auf situativer Ebene (durch direkte Einflussnahme auf das emotionsauslösende Ereignis oder den Kontext).

Ein Beispielitem aus dem DOE (zur down-regulation):

„Ich kann mit meinen Gefühlen umgehen und sie regulieren, auch in schwierigen Situationen."

2.1. Emotionsverarbeitung und Emotionsregulation: Begriffe

Unter „Emotionsverarbeitung" verstehen wir alle Prozesse (Reicherts, Kaiser, Genoud & Zimmermann, 2011), die mit der Entstehung und dem Verlauf, dem Erleben und dem Ausdruck, dem Modifizieren oder Regulieren von Emotionen und affektiven Zuständen *verbunden sind* (vgl. auch *„affect processing"* bei Rachman, 2001; *„emotion processing"* bei Baker, Thomas, Thomas & Owens, 2007).

Dagegen umfasst „Emotionsregulation" alle Prozesse der *Einflussnahme auf* Entstehung, Verlauf, Erleben und Ausdruck von Emotionen und emotionalen Reaktionen (vgl. Bridges, Denham & Ganiban, 2004; Eisenberg & Spinrad, 2004; Gross & Thompson, 2007; *„emotion regulation"*).

2.2. Warum heisst das Modell „Emotionale Offenheit"?

In der ursprünglichen, französischen Version heisst das Modell „Ouverture émotionnelle". Im Deutschen verbinden sich damit drei Bedeutungen von „Offenheit" bzw. von „Öffnung" im emotionalen Bereich (Reicherts, 2007; Reicherts et al., 2011):

(1) "Offen sein" oder "sich öffnen" sich selbst gegenüber, für die eigenen Emotionen, ihren Verlauf, und ihre Aspekte (kognitiver, körperlicher, verhaltensmässiger, sozialer Natur):

- als aktueller Prozess oder Zustand (was in einem bestimmten Augenblick, in einer bestimmten Situation geschieht) bzw.
- als Tendenz oder sog. *Trait*, "offen zu sein" (d.h. häufig oder üblicherweise entsprechende Verhaltensweisen zu zeigen bzw. in diesem Prozesszustand zu sein).

(2) "Offen sein" oder "sich öffnen" gegenüber anderen Menschen, ihren Emotionen und ihrem Erleben, für den Austausch und die Mitteilung affektiver Erfahrungen, sowie bereit zu sein für gegenseitige und gemeinsame Emotionsverarbeitung und Regulation:

- als aktueller Prozess oder Zustand bzw.
- als Tendenz "offen zu sein" für andere Personen.

(3) Die dritte Bedeutung bezieht sich auf den längerfristigen Prozess emotional "offener zu werden" oder "Offenheit zu entwickeln" – eigenen Gefühlen oder denen anderer gegenüber – als Ergebnis von therapeutischer Arbeit, von Entwicklungsprozessen (z.B. in Kindheit und Jugend) oder persönlichem Wachstum (z.B. Selbsterfahrung).

2.3. Neue Untersuchungsinstrumente

Für das Modell haben wir verschiedene Fragebogentests und Selbstbeobachtungsinstrumente neu entwickelt, die sehr befriedigende psychometrische Eigenschaften aufweisen und inzwischen in mehreren Sprachen vorliegen (Französisch, Deutsch, Englisch, Spanisch; Reicherts, 2007; Reicherts & Genoud, 2011a). Sie eignen sich für Arbeit mit den verschiedenen Aspekten emotionaler Offenheit.

Entwickelt haben wir die Fragebögen DOE-20 (mit 20 Items), DOE-36 (mit 36 Items) und DOE-couple (mit je 20 Items für zwei Partner und ihre gegenseitige Emotionsverarbeitung), um sog. *Traits* bzw. Tendenzen der Emotionsverarbeitung zu erfassen; daneben einen Fragebogen für aktuelle Zustände und Prozesse (DOE-state; 15 Items). Ausserdem liegen Selbstbeobachtungsinstrumente vor, mit denen Zustände und aktuelle Prozesse aufgezeichnet werden können: der DOE-self-monitoring (mit 6 Items für die rasche Selbstbeobachtung im Alltag) oder der DOE-LAM (der zusätzlich den jeweiligen Erlebniszustand erfassen hilft); beide wurden auch für Handheld-Computer programmiert (Reicherts, Salamin, Maggiori & Pauls, 2007). Schliesslich haben wir mit dem DOE-IT (Reicherts & Haymoz, 2011) ein umfangreiches, systematisiertes Inventar vorgelegt, mit dem man die Techniken der Emotionsregulation erheben kann. Tabelle 4 zeigt die Instrumente im Überblick.

Tabelle 4: Emotionale Offenheit – DOE-Untersuchungsinstrumente
(„Dimensionen der Offenheit für Emotionen"; Reicherts, 2007; Reicherts & Genoud, 2011)

Fragebögen	DOE-20 (Trait)
	DOE-36 (Trait)
	DOE-couple (Partnerschaft; Trait)
	DOE-state (State: Zustand und Prozess)
Selbstbeobachtungs-Instrumente	DOE-self-monitoring
	DOE-LAM („Learning Affect Monitor" mit DOE-self-monitoring)
Inventar	DOE-IT (Inventar Emotions-Regulationstechniken)

Diese Instrumente helfen, die Emotionsverarbeitung, wie sie von der Person praktiziert und geschildert wird, genau und differenziert zu diagnostizieren.

2.4. Emotionale Offenheit im Vergleich zu anderen Modellen

Das Modell „Emotionale Offenheit" unterscheidet sich in verschiedener Hinsicht von anderen Konzeptionen, zum Beispiel von der sog. „Alexithymie" (Sifneos, 1973; Taylor, Bagby & Parker, 1997) oder der Emotionalen Intelligenz" (Salovey & Mayer, 1990; Salovey, Caruso & Mayer, 2004):

- Das Modell „Emotionale Offenheit" ist intuitiv verständlich. Es ist kompakt und einfach zu interpretieren. Die meisten Menschen, nicht nur Spezialisten, verstehen es leicht und können es auf sich selbst anwenden.

- Das Modell geht nicht, wie Alexithymie, von einer „Defizit"-Sicht des Menschen aus – oder wie Emotionale Intelligenz von einer Vermischung von Affektivität und Intelligenz in einer „Kompetenz"-Sicht. Davon hebt sich das Modell emotionaler Offenheit ab: *Es beschreibt – es wertet nicht von vornherein.*
- Dank der theoriebasierten und psychometrischen Konstruktionsmethode der Instrumente – mehrere Etappen mit jeweils mehreren Studien, mit Modelltests, Faktoren- und Itemanalysen – ist es möglich, „echte" mehrdimensionale Diagnosen zu erstellen: Bei einer Person kann man das Profil der verschiedenen Komponenten der Emotionsverarbeitung bestimmen und sie miteinander vergleichen; so lässt sich auch untersuchen, wie gleichmässig bzw. ausgeglichen das Profil ist.

In einer Defizit-Sicht der Emotionsverarbeitung wie bei der Alexithymie geht es darum, in möglichst allen Aspekten niedrige Werte (d.h. keine Defizite) zu haben und in einem Kompetenz-Modell, in allen Aspekten möglichst hohe Werte zu erzielen. Dagegen steht im Modell emotionaler Offenheit weder die Minimierung noch die Maximierung einzelner Komponenten der Emotionsverarbeitung im Mittelpunkt. Sie sind kein Interventionsziel an sich. Vielmehr legen einige, auch klinische, Studien z.B. bei REPCOG oder PERINT eine sog. umgekehrte U-Funktion für „optimale" Emotionsverarbeitung nahe: d.h. sinnvoll scheint ein gewisses Niveau, nicht zu tief, aber auch nicht allzu hoch. Ausserdem scheint es angemessener, wenn die Komponenten etwa gleich stark ausgeprägt bzw. untereinander ausgeglichen sind.

2.5. Intra- und intervindividuelle Unterschiede emotionaler Offenheit

Wir alle wissen, dass es nicht nur bei der Häufigkeit und Intensität, mit denen wir Emotionen erleben, grosse Unterschiede zwischen Menschen gibt, sondern auch in ihrer Verarbeitung.

Auch wir selbst

- schwanken zwischen gelegentlicher Hyperaufmerksamkeit und manchmal nachlässiger Missachtung unseres Gefühlslebens;
- zeigen unsere Gefühle nicht immer gerne, und schon gar nicht allen Personen;

- verstehen manchmal überhaupt nicht, was genau mit uns los ist, und warum;
- wissen vor allem aber oft nicht, wie wir unsere Gefühle steuern oder regulieren können; z.B. „Ich weiss nicht wohin mit meiner Enttäuschung" oder „Ich bin von Panik überwältigt". Wie wir solche negativen, manchmal quälenden Emotionen abschwächen, umformen oder aufschieben – und die positiven, die angenehmen oder wunderbaren, verstärken oder aufrechterhalten können, wird weiter unten ausführlicher dargestellt.

Derartige Variationen („states") in unseren eigenen Zuständen und Prozessen emotionalen Erlebens und Verarbeitens geben sog. *intra*individuell Unterschiede wieder.

Tabelle 5: Studien mit DOE-Instrumenten (Überblick)

Authors and year	N	Variables & instruments
Psychometric, personality factors and well-being validation studies (DOE-trait)		
Reicherts et al. (1998)	110	Personality factors EPI (Eysenck)
Reicherts et al. (1998)	470	Personality, motivation, well-being of young adults (AEQUAS longitudinal study)
Champion (2001)	97	Emotional intelligence TMMS and prediction study
Aluja et al. (2004)	425	Personality factors ZKPQ (Zukerman-Kuhlmann)
Ciulavu (2006)	93	Personality factors NEO-PI (Costa & McCrae), EPI
Rossier, J. et al. (2011)	123	Personality factors NEO-FFI (Costa & McCrae)
Zimmermann (2011)	402	Alexithymia TAS-20 (Taylor et al.)
Walther (in prep)	40	Well-being & daily life Self-monitoring (DOE-LAM)
Clinical studies (DOE-trait)		
Cassellini (2003)	51	Dependencies / Personality Disorders
Duc (2003)	20	Dependencies and Client-centered treatment study
Perroud et al. (2004)	21	Eating disorders and CBT treatment study
Genoud & Reicherts (2008)	278	Burnout (clinical analogue study) MBI
Genoud et al. (2009)	232	Burnout of medical staff MBI
Salamin (2010)	43	MUS & Somatoform disorder
Experimental clinical studies (DOE-state)		
Rossier, Y. (2004)	40	Arachnophobics vs controls, Implicit Association Test IAT
Montini (2004)	60	Deepening interventions in first therapeutic contact

In einer grossen Zahl von Untersuchungen an unauffälligen Normalpersonen, aber auch im klinischen Kontext, konnten wir das Modell mit den erwähnten

Instrumenten erproben und eine Reihe wichtiger Ergebnisse erhalten. Tabelle 5 gibt einen Überblick über klinische und nicht-klinische Studien zur emotionalen Offenheit (mit den DOE-Instrumenten).

In verschiedenen Untersuchungen zeigen sich teilweise sehr deutliche *inter*individuelle Unterschiede zwischen Menschen, insbesondere zwischen psychisch unauffälligen Personen und Personen, die an akuten psychischen Störungen oder psycho-sozialen Problemen leiden. In den meisten Fällen gehen damit nicht nur Beeinträchtigungen des affektiven Erlebens einher, die oft im Zentrum stehen bzw. Leitsymptome des Störungsbildes darstellen, wie bei Angststörungen oder depressiven Störungen. Sondern damit sind auch teils markante Beeinträchtigungen der Emotionsverarbeitung und Regulation verbunden.

Zur Illustration wollen wir zwei Beispiele aus dem klinischen Bereich vorstellen: die sog. Borderline-Persönlichkeitsstörung und eine Angststörung.

2.6. Emotionale Offenheit bei Borderline-Störungen: der Fall „Nadine"

Menschen mit einer Borderline-Persönlichkeitsstörung zeigen folgende Tendenzen der Emotionsverarbeitung (vgl. Reicherts & Genoud, 2011b; hier erfasst mit dem Trait-Fragebogen DOE-36): Sie nehmen innere und äussere Körperindikatoren deutlich wahr (diffuse Erregung, Nervosität, aber auch eine beunruhigende „Leere"; PERINT und PEREXT), zugleich aber identifizieren sie ihre emotionalen Zustände nur schlecht (sie „wissen nicht, wie ihnen geschieht" oder „was genau in oder mit ihnen vorgeht"; REPCOG). Sie schildern eine verminderte Kommunikation von Emotionen (EMOCOM) und haben zugleich grosse Schwierigkeiten, vor allem negative Emotionen zu regulieren und zu kontrollieren (bspw. Wutausbrüche, Anfälle von Deprimiertheit und empfundener Wertlosigkeit oder Suizidwünsche; REGEMO).

Ein solches Profil zeigt Abbildung 2 bei „Nadine" (28jährig, ausgebildete Krankenschwester, zur Zeit ohne festes Arbeitsverhältnis) zu Beginn ihrer psychotherapeutischen Behandlung (weisse Balken, gestrichelte Linie). Dieser reale Fall (aus Page & Reicherts, 2011) zeigt ein typisches, ungleichmässiges Profil, wie man an der gestrichelte Linie erkennt: Besonders schwach ausgeprägt sind die Kognitive Repräsentation (REPCOG), die Kommunikation (COMEMO) und die Regulation (REGEMO) von Emotionen; die emotionsbezogene Körperwahrnehmung (PERINT, PEREXT) dagegen ist relativ hoch. Nach gut zehnmonatiger Behandlung erkennen wir eine deutlich gebesserte Situation (graue Balken), die sich den Normwerten psychisch unauffälliger Personen (durchgezogene Linie) deutlich angenähert hat und zudem spürbar gleichmässiger geworden ist.

Abbildung 2: Borderline-Störung: Das Profil emotionaler Offenheit von "Nadine"

Werte (DOE-36) zu Beginn der Behandlung (t1; weisse Balken; gestrichelte Linie) und nach 10 Monaten Psychotherapie (t2; graue Balken) im Vergleich zu den Normwerten (Referenzstichprobe psychisch unauffälliger Personen, schwarze Linie)

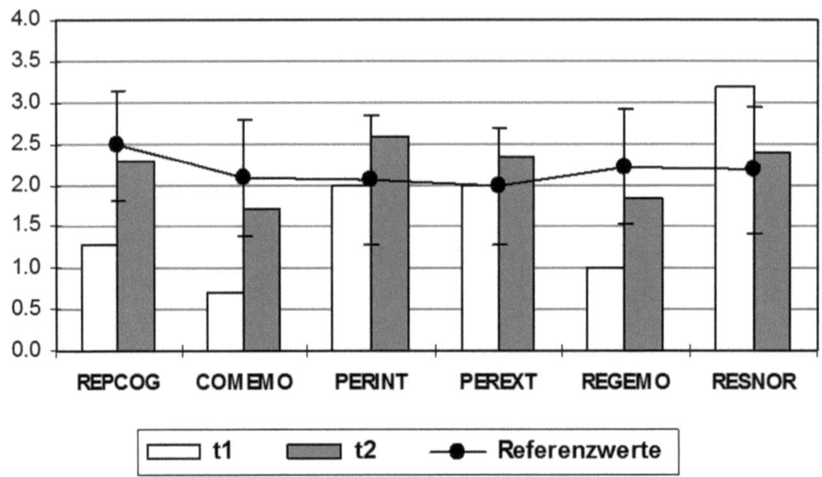

In der Abbildung 2 ebenfalls dargestellt ist die Wahrnehmung normativer (sozialer) Restriktionen (RESNOR) des emotionalen Erlebens: Inwieweit man sich durch soziale Normen und Regeln im Erleben und Ausdruck seiner Emotionen eingeschränkt fühlt.

Dabei handelt es sich um eine zusätzliche Dimension emotionaler Offenheit, auf die hier nicht näher eingegangen werden kann (interessierte Leser seien auf das Buch „Emotionale Offenheit" verwiesen; Reicherts et al., 2011). Nur so viel sei gesagt: Diese Dimension ist bei Nadine – wie auch bei anderen Patienten mit Persönlichkeitsstörungen – zu Beginn typischerweise erhöht und normalisiert sich im Lauf der Therapie (Reicherts & Genoud, 2011b).

2.7. Emotionale Offenheit bei phobischen Störungen

Bei vielen Personen mit einer *umschriebenen phobischen Störung* beobachten wir ein anderes Muster, das sich im Übrigen nicht als generelle Tendenz der Emotionsverarbeitung zeigen muss, sondern vor allem bei der Konfrontation mit dem spezifischen Angststimulus in der angstauslösenden Situation zu beobachten ist.

Abbildung 3: Kognitive Repräsentation von Emotionen (DOE-state) bei Personen mit Spinnenangst und Kontrollpersonen (N=40) vor und nach der Konfrontation

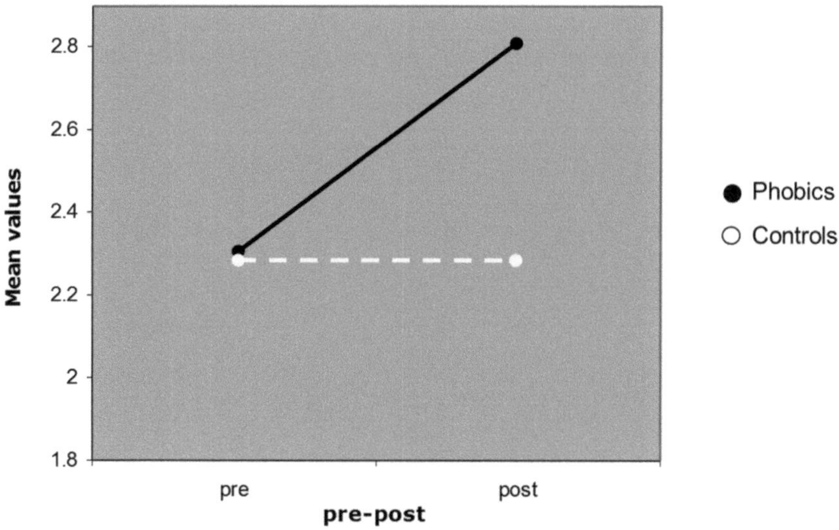

Dies konnten wir in einem eigens dafür konzipierten Experiment an Personen mit ausgeprägter Spinnenangst im Vergleich zu nicht-ängstlichen Kontrollpersonen zeigen (Rossier, Reicherts, Rossier, 2007; Reicherts, Rossier & Rossier, 2011): Stark spinnenängstliche Personen beachten verstärkt ihre Körpersignale (PERINT), berichten einen gesteigerten kognitiven Fokus und eine erhöhte Bewusstheit (REPCOG) von Gefühlen der Furcht, von Panik und Ekel, eine erhöhte Bereitschaft, die negativen Gefühle gegenüber anderen auszudrücken und mitzuteilen (EMOCOM) und – wie zu erwarten – eine verringerte Regulation ihrer Emotionen (REGEMO) (sieht man einmal von reinen Vermeidungs-/Rückzugsreaktionen ab, die im Experiment praktisch ausgeschlossen waren).

Die Abbildungen 3 und 4 illustrieren zwei dieser Reaktionsmuster der spinnenängstlichen Personen im Vergleich mit den unauffälligen Kontrollpersonen bei (a) der Kognitiven Repräsentation (REPCOG) und (b) der Regulation der Emotionen (REGEMO). Erfasst wurde die Emotionsverarbeitung während der etwa 15 (vorbereitenden) Minuten unmittelbar vor der Präsentation der Bilderserien („pre"). Anschliessend wurden positive und aversive Bilder präsentiert, die von den Versuchspersonen anhand von drei Ratingskalen zu beurteilen waren (sehr angenehm - sehr unangenehm; sehr beruhigend - sehr furchteinflössend; sehr anziehend - sehr ekelerregend); unter den aversiven Fotos (z.B. Katastrophenereignis, angreifender Hund) befanden sich, zufällig eingestreut, auch einige Fotos von Schlangen – und Spinnen.

Abbildung 4: Regulation von Emotionen (DOE-state) bei Personen mit Spinnenangst und Kontrollpersonen (N=40) vor und nach der Konfrontation

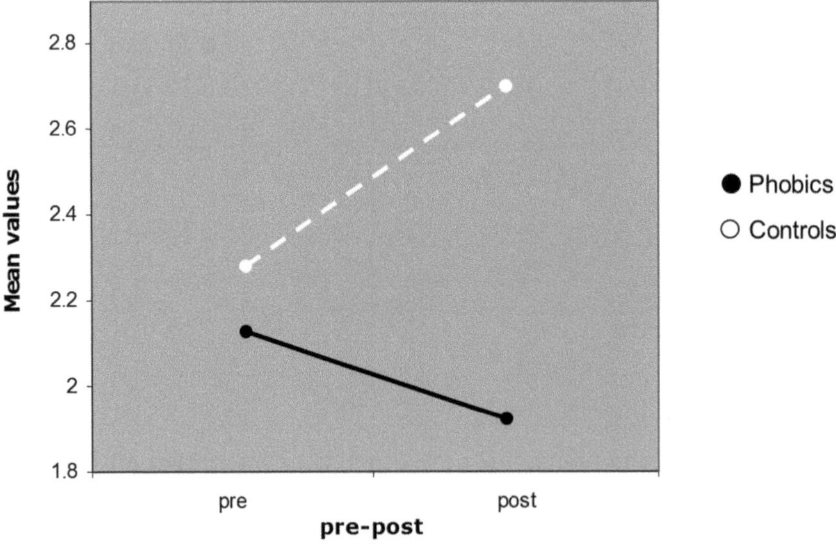

Unmittelbar nach der Präsentation haben die Versuchspersonen ihre Emotionsverarbeitung erneut eingeschätzt, bezogen auf die vergangenen 20 Minuten („post"), während sie mit den visuellen Reizen konfrontiert waren und sie bearbeiten sollten. Sowohl Pre- als auch Post-Messung wurden als Zustands- bzw. Prozessvariable erfasst (DOE-State): „In den vergangenen zwanzig Minuten – während der Einschätzung der Fotos – habe ich...".

Insgesamt gesehen haben wir bei den meisten Personen mit klinischen Problemen festgestellt, dass ihre Emotions-Regulation schwach ausgeprägt war. Das hat uns veranlasst, diese Komponente der „Emotionalen Offenheit" noch genauer zu untersuchen. So haben wir, basierend auf mehreren Vorstudien, ein sog. Inventar entwickelt, in dem eine grosse Zahl von „Techniken" oder „Strategien" zusammengefasst sind, mit denen Menschen ihre Emotionen, Stimmungen etc. zu beeinflussen versuchen (DOE-IT; Reicherts & Haymoz, 2011).

3. Ein Interventionsprogramm für Emotionsverarbeitung und Regulation

Aus verschiedenen Treatmentstudien wissen wir (u.a. Reicherts et al. 2007; 2011; zum Überblick auch Haymoz, 2014), dass man durch entsprechende Interventionen, insbesondere durch erlebniszentrierte und erlebnisvertiefende, die emotionale Offenheit verändern kann. Ein pathologisches Profil mit insgesamt allzu niedrigen oder mit sehr unausgeglichenen Werten kann man auf diese Weise verbessern oder glätten und die verschiedenen Komponenten der Emotionsverarbeitung besser aufeinander abstimmen.

Vor diesem Hintergrund haben wir ein Programm zur Förderung emotionaler Offenheit und Emotionsregulation bei Erwachsenen entwickelt (Reicherts, Pauls et al., 2011; Haymoz, 2014; Haymoz & Reicherts, in Vorb.). Es besteht aus sechs wöchentlichen Sitzungen. Jede Sitzung umfasst eine Reihe spezieller Übungen und Hausaufgaben. Gearbeitet wird in kleinen Gruppen von fünf bis max. zehn Personen, die von einer, möglichst zwei Fachpersonen (BeraterIn, TherapeutIn) geleitet werden. Zu Beginn und am Ende des Programms wird eine ausführliche Emotions-Diagnostik durchgeführt, einschliesslich einer Zielerreichungsanalyse (Pauls & Reicherts, 2012), und im Verlauf finden regelmässige Wiederholungsmessungen statt (ggf. auch mittels Self-Monitoring).

Tabelle 6: Interventionsprogramm "Emotionale Offenheit"
(Haymoz & Reicherts, in Vorb.)

Vorbereitungstreffen	Persönliches Vorbereitungsgespräch – Informationen – Diagnostik I
Modul 1	Einführung – Einführung in Gruppenprozesse – Hausaufgaben Diagnostik II: DOE, Zielerreichungsanalyse, DOE-self-monitoring
Modul 2	Kognitive Repräsentation
Modul 3	Körperliche Indikatoren intern und extern
Modul 4	Ausdruck und Kommunikation
Modul 5	Regulation (1): Grundlagen
Modul 6	Regulation (2): Fortsetzung und Personalisierung Zielerreichungsanalyse und persönliche affektive Ziele für die Zukunft

Das Trainingsprogramm wurde in einer umfangreichen Kontrollstudie an über 100 Personen evaluiert und konnte seine Wirksamkeit gut unter Beweis stellen, sowohl bei den Grundkomponenten emotionaler Offenheit als auch bei spezifischen Regulationstechniken (Haymoz, 2014). Tabelle 6 zeigt den Aufbau des Programms.

Nachfolgend geben wir einige Beispiele für Übungen im Rahmen des Programms.

Beispiele für die Arbeit an der kognitiven Repräsentation von Emotionen

(1) Zur direkten Arbeit an der kognitiven Repräsentation von Emotionen benutzen wir u.a. folgende *verbale Übungen*, wo wir die Teilnehmer fragen:

„Wenn Sie an Ihre Emotionen, Gefühle und Stimmungen denken: Was sind für sie die Unterschiede wenn Sie ‚traurig‘ oder ‚wütend‘ sind?"

Oder: „Wie unterscheidet sich bei Ihnen, wenn Sie sich ‚fröhlich‘ fühlen davon, wenn Sie sich ‚ängstlich‘ fühlen?"

„Stellen Sie sich Beispiele (Situationen, Ereignisse) genau vor. Versuchen Sie die Unterschiede zu erläutern"

Eine andere Übung dieser Art: „Was wäre für Sie ein gegensätzliches Gefühl zu ‚enttäuscht‘? Welches zu ‚angeekelt‘?"

„Nehmen Sie bei den Übungen die Liste mit Adjektiven zu Hilfe".

Mit diesen relativ einfachen Übungen können verschiedene Aspekte des affektiven Erlebens herausgearbeitet werden – z.B. körperliche Emotionsanteile, Dauer, Verlaufsform, Intensität – die alle Bestandteil von Emotionsbegriffen sein können. Von der ersten Sitzung an arbeiten wir u.a. mit dieser Liste von Beschreibungsbegriffen (oder Adjektivliste) von emotionalen Zuständen.

Diese Liste haben wir für unseren sog. „Learning Affect Monitor" (Reicherts, Salamin, Maggiori & Pauls, 2007) aus verschiedenen Despkriptoren-Listen bekannter Emotionsforscher (z.B. Izard, 1977; Barrett & Russell, 1998) zusammengestellt. Die Liste hat sich in Diagnostik und Intervention gut bewährt. Sie ist recht differenziert, ohne allzu umfangreich zu sein.

Durch den wiederholten Bezug auf diese – begrenzte – Liste von Emotions-Deskriptoren wird bei den Teilnehmern die kognitive Verankerung von Begriffen für ihre Erlebenszustände gefestigt und differenziert. Daneben können sie ohne weiteres zusätzliche persönliche Begriffe einbringen, die zu den Adjektiven der Liste in Bezug gesetzt werden und sie ergänzen können. Selbstverständlich verwenden auch Übungen im Alltag und Hausaufgaben diese Adjektivlisten.

Tabelle 7: Adjektivliste für affektive Zustände / Emotions-Deskriptoren
(übersetzt aus „Learning Affect Monitor"; Reicherts et al., 2007)

ruhig	ärgerlich
entspannt	kribblig / aufgeregt
heiter	enttäuscht
freudig	entmutigt / mutlos
beschwingt / freudig erregt	nervös
vergnügt / belustigt	furchtsam / ängstlich
glücklich	beunruhigt / besorgt
zufrieden	hilflos
begeistert	schuldig
überrascht	bewegt / berührt
interessiert	erstaunt
angewidert / angeekelt	gelangweilt
traurig	gereizt / erregbar
elend / unglücklich	genervt / aufgebracht
angespannt / belastet	wütend / zornig

(2) Eine andere Übung arbeitet mit *visuellem Material*, insbesondere mit Bildern (z.B. Lang, Bradley & Cuthbert, 2008; aus deren Forschungsversion zwei der nachstehenden Fotos entnommen sind) oder kurzen Filmausschnitten, mit denen Emotionen angeregt werden können. Derartige Stimuli wurden übrigens auch in dem oben erwähnten Experiment an Menschen mit Spinnenangst verwendet. Die Teilnehmer beschreiben, was die Fotos bei ihnen auslösen und was sie dabei genau empfinden. Sie benennen ihre Gefühle und benutzen auch dabei die Adjektiv-Liste. Später, in der Sitzung zur affektiven Körperwahrnehmung (PERINT und PEREXT), wird ähnliches visuelles Material gezeigt, um genauer zu erkunden, wie sich Gefühle körperlich äussern

und welche Reaktions- oder Handlungsbereitschaften festzustellen sind (z.B. Augen schliessen wollen, Vermeiden).

Es wird herausgearbeitet, dass und welche Unterschiede im Erleben und in der Verarbeitung verschiedener Emotionen bestehen – die sich wiederum bei verschiedenen Personen unterschiedlich darstellen können.

Abbildung 5: Bild-Material zur Emotionsauslösung und Analyse der Emotionsverarbeitung (Beispiele)

(3) Bei allen Sitzungen, d.h. bei allen Komponenten der Emotionsverarbeitung, arbeiten wir ausserdem mit *Material aus dem Alltag*, das die Teilnehmer aufgezeichnet haben und in die Sitzungen mitbringen. Sie erhalten dafür ein entsprechendes Arbeitsbüchlein.

Ein Beispiel: „Sie haben eine Situation notiert, wo sie ‚sehr frustriert' waren von einer Verkäuferin. Versuchen Sie, sich ihr Erleben, das Gefühl nochmals genau vorzustellen und geben sie an, welche Adjektive (wieweit) darauf zutreffen, und welche nicht...? (Benutzen Sie dabei die Liste mit Adjektiven)".

„Wie würde es den anderen hier in dieser Situation gehen?"

„Hat jemand anderes von Ihnen kürzlich eine ähnliche Situation erlebt?"

Es wird darauf geachtet und immer wieder betont, dass grosse individuelle Unterschiede im Erleben bestehen, sowohl im Hinblick auf die Erlebnisqualitäten – was sich auch in der Auswahl der Adjektive zeigt – als auch der Intensität. Wesentlich ist dabei, dass alle beschreiben/darstellen dürfen, was sie ausgehend von den Standardstimuli erleben, wobei Unterschiede bei einer – mehr oder weniger grossen Ähnlichkeit – ihrer emotionalen Reaktionen zum Ausdruck kommen. Dennoch wird darauf geachtet, das Gemeinsame in der Reaktionsbereitschaft der Teilnehmenden im Sinne einer möglichen Anpassungsreaktion herauszuarbeiten.

Beispiele für die Arbeit an der Emotions-Regulation

Tabelle 8 gibt einen Überblick über verschiedene Arten oder Kategorien der Emotionsregulation, wie sie auch in dem Inventar DOE-IT erfasst werden und den Modulen fünf und sechs zugrunde liegen. Einige Beispiele sollen herausgegriffen und erläutert werden.

(1) Im fünften Modul, wo in die Emotionsregulation eingeführt wird, arbeiten wir u.a. an der *kognitiven Technik der Umbewertung*, die weiter oben bereits mehrfach zur Sprache kam. „Umbewertung" kann – richtig eingesetzt – als eine der universellsten und wirksamsten Regulationstechniken gelten.

Eine interessante Übung ist folgende (inspiriert von Linehan, 1996). Man kann sie die „Situations-Interpretations-Gefühls-Kette" nennen:

- Eine erste Person wird gebeten, den anderen Teilnehmern eine Situation oder ein Ereignis aus ihrem Alltag zu beschreiben (zunächst ohne genaueren emotionalen Gehalt);
- eine zweite Person gibt eine Interpretation der Situation;
- eine dritte formuliert die Emotion, die aus dieser Interpretation entstehen kann;
- dann wird eine vierte Person gebeten, für das gleiche Ausgangsereignis eine andere Interpretation zu geben;
- eine fünfte Person schliesslich stellt die Emotion vor, die – ihrer Meinung – daraus erwachsen kann.

Auf diese Weise verstehen die Teilnehmer, dass es sehr unterschiedliche Interpretationen für die gleiche Situation geben kann, mit wichtigen Folgen für das emotionale Erleben. Und sie verstehen, dass das Umbewerten oder Uminterpretieren sehr wirksam sein kann, um eine Situation in ein anderes Gefühl münden zu lassen.

(2) Bei den *körperorientierten Regulations-Techniken* werden schon zu Anfang Atemübungen bzw. -techniken eingeführt und demonstriert. Verschiedene Formen des Atmens werden erläutert, dann wird das Atmen in den unteren Bauchbereich geübt. Die Teilnehmer erhalten die Instruktionen in ihrem Arbeitsbüchlein und eine CD mit den Instruktionen und Erläuterungen. Als Hausaufgabe üben sie – unter anderem – die Atemtechnik auf ihre Art ein

und versuchen sie in ihrem Alltag einzusetzen; in der nächsten Sitzung be-
richten sie davon.

Auch einfache Entspannungsinstruktionen (insbesondere zur progressiven
Muskelrelaxation nach Jacobson, 1938) werden auf diese Weise kurz einge-
führt und schon bald geübt.

Tabelle 8: Bereiche, Strategien und Items der Emotionsregulation: Überblick
(Reicherts, Pauls et al., 2011)

Regulations-Bereich	Unterskalen: Funktionale Kategorie	Item-Beispiele
Kognitiv	Informationssuche	Nach Informationen suchen, um die (auslösende) Situation besser zu verstehen
	Informationsunterdrückung	Informationen beiseite lassen / ausblenden
	Umbewertung	Die Situation in anderem Licht betrachten
	Veränderung von Zielen / Akzeptieren	Seine Pläne an die Situation anpassen
	Positive Selbst-Verbalisierungen	Zu sich selbst aufmunternd sprechen
Körperlich-verhaltensorientiert	Entspannung	Mehrmals tief und langsam durchatmen
	Physische Aktivierung/ Aktivität	Sich körperlich anstrengen
Sozial/ interpersonell	Suche nach und Verwendung von sozialer Unterstützung	Mit jemandem über die emotionale Erfahrung/ das Ereignis sprechen
Substanzeinnahme	Einnahme psychoaktiver Substanzen	Ein Glas Alkohol trinken
	Nahrungsmittelaufnahme/ Essen	Etwas Süsses (z.B. Schokolade) essen
Einflussnahme auf die Situation	Aktives Beeinflussen der auslösenden/begleitenden Situation	Etwas an der Situation verändern
	Aktives Meiden/Zurückziehen aus der auslösenden/ begleitenden Situation	Die Situation verlassen, die Situation umgehen

In dem Interventionsprogramm wird grosser Wert darauf gelegt, dass alle Teilnehmer mit ihren persönlichen Situationen, Erlebensprofilen und bisherigen Regulationstechniken zum Zuge kommen. Eine ausführliche Diagnostik (mit DOE, DOE-IT, mit DOE-LAM-self-monitoring etc.) hilft dabei.

In Kürze erscheint zu dem Interventionsprogramm das Trainings-Manual (zunächst auf Französisch; Haymoz & Reicherts in Vorb.) – im ZKS-Verlag. Eine deutschsprachige Version ist geplant.

Zwar benötigt das Programm nur sechs Sitzungen, aber in einigen Situationen der psycho-sozialen Praxis ist dies vom Zeitaufwand oder der Organisation zu schwierig, vor allem im Rahmen multipler Problemlagen der Klinischen Sozialarbeit, wo Störungen der Affektivität und Emotionsverarbeitung zwar sehr wichtig sind, aber andere Interventionen dringlicher oder vorgeordnet sind (wie im Fall „Petra" weiter unten). In diesen Fällen ist es durchaus möglich, einzelne Übungen und Hausaufgaben, einschliesslich der Materialien (Informationsbausteine, Fragebögen etc.) herauszulösen und separat zu realisieren, zum Beispiel als 20-minütiges Trainingselement in Verbindung mit anderen Interventionen.

4. Sozialtherapeutische Arbeit mit emotionaler Offenheit: der Fall „Petra"

Um den Ansatz „Emotionale Offenheit" bei der psychosozialen Arbeit mit Kindern und Jugendlichen zu illustrieren, soll hier der Fall „Petra" vorgestellt werden. Der Fall ist ein typisches Beispiel für die sog. multiplen Problemlagen, die in der Klinischen Sozialarbeit häufig anzutreffen sind und eine Mehrebenen-Diagnostik und -Intervention benötigen. Die Beschreibung beruht – wie bei der Borderline-Problematik „von Nadine" – auf einem realen Fall. Wir folgen der Darstellung in dem Kapitel von Pauls und Reicherts (in Vorb.).

Auf *entwicklungspsychologische Aspekte* von emotionaler Offenheit und Emotionsregulation kann hier aus Platzgründen nicht eingegangen werden. Interessierte Leser verweisen wir auf das Buch „Emotionale Offenheit": dort finden sie ein Kapitel über das Kleinkind- und Schulkindalter (Brodard, Quartier & Favez, 2011) und ein Kapitel über das Jugendalter (Zimmermann, 2011).

4.1. Petras Ausgangssituation

Die 11jährige Petra zeigt eine Reihe von Symptomen und Problemen: massive Verhaltensauffälligkeiten in der Schule und zuhause, unkontrollierte Wutausbrüche, sehr schlechte Schulleistungen und eine ungenügende schulische Arbeitshaltung. Sie stiehlt gelegentlich in der Schule und auch zuhause, nässt ein (nachts und am Tage) und hat eine sehr mangelhafte Hygiene (sie riecht nach Urin, kaum Wechsel der Bettwäsche, selten frisch Kleider). Sie wirkt beinahe verwahrlost.

In der Schule dominieren – neben Demotivation und Gleichgültigkeit – bei Petra Gefühle des Nicht-Beachtet-Werdens, des Ausgeschlossen-Seins und der Einsamkeit. In der Klasse ist sie Aussenseiterin; es gibt keine Klassenkameraden/innen, die sie beachten oder ihr nahe sind, und auch keine Freundinnen ausserhalb der Schule. An anderen Gruppen und Aktivitäten Gleichaltriger nimmt sie nicht teil (z.T. weil es die Eltern verbieten). Auch zuhause erhält sie kaum Aufmerksamkeit und Zuwendung.

Petra ist ein emotional „depriviertes" Kind, das aber gelegentlich auch starke negative Reaktionen in der Familie erdulden muss: Schimpfen und Strafen durch die Eltern, gelegentlich Schläge vom Vater, Quälereien durch den jüngeren Bruder. Daneben fehlt es ihr an elementarer Fürsorge: regelmässiges, kindgerechtes Essen, Körperhygiene (Körperpflege, Bett machen etc.), Anregungen und Kontrolle bei den Schularbeiten, aber auch allgemeine erzieherische Rahmenbedingungen, Rhythmen (Essen, Zubettgehen) und Grenzen.

4.2. Petras Profil emotionaler Offenheit

Petras Profil emotionaler Offenheit und Emotionsregulation lässt sich etwa folgendermassen beschreiben (ohne dass es mit den DOE-Instrumenten diagnostiziert wurde):

(1) Die kognitive Repräsentation von Emotionen ist offensichtlich beeinträchtigt. Petra spürt z.B. oft nicht genau, was sie empfindet/erlebt; es bleibt diffus, und sie kann es nicht beschreiben oder benennen: z.B. „Sich-Ignoriert-Fühlen". So wird sie auch nicht gewahr, wie die atmosphärische Bedrohung durch Vater oder Bruder auf ihr lasten und welche Gefühle damit verbunden sind (v.a. Unsicherheit und Angst). Auch hat sie keine prägnanten „Selbstgefühle", ein Gefühl vom eigenen Wert und von Würde, oder ein Gefühl von Selbstsicherheit, die ihr helfen könnten, ihre Bedürfnisse und Forderungen zu formulieren oder sich angemessen zu verteidigen.

(2) Die Wahrnehmung körperinterner Emotionsindikatoren ist einerseits diffus erhöht (diffuses Unbehagen, Unwohlsein; Aufgeregtheit; aber auch Wut); dies obwohl die Körperwahrnehmung generell beeinträchtigt scheint (z.B. die Wahrnehmung des Blasendrucks oder von Hungergefühlen). Auch externe Körperindikatoren sind ihr kaum bewusst; sie nimmt selbst nicht wahr, was sie in Gesicht, Haltung, Verhaltensweisen emotional ausdrückt. So können auch die anderen Kinder sie nicht gut „lesen" – und wollen ihr nicht nahe sein (zusätzlich zu Petras Geruch und ihrer Ungepflegtheit).

(3) Die emotionale Kommunikation ist ebenfalls beeinträchtigt: Petra kann sich anderen nicht mitteilen, insbesondere verbal gelingt es ihr nicht, z.B. in ihren Gefühlen von Einsamkeit und Elend; auch den Eltern gegenüber nicht, um elementare Ansprüche einzufordern, sich zur Wehr zu setzen, oder ihre Kränkung auszudrücken.

(4) Auch bei Petras Emotions-Regulation werden grosse Defizite deutlich: ihr „affect repair" ist reduziert. Sie vermag ihre Gefühle kognitiv

(z.B. durch Umbewerten, oder durch positive Selbstverbalisationen) kaum zu regulieren; wenn sie in Wut gerät, gelingt es ihr nur schwer sie zu dämpfen. Auch kindgerechte körperliche Regulationsformen kennt sie nur unzureichend (z.B. sich austoben, sich spielend entspannen). Wegen der vorherrschenden, negativ-emotionalen Interaktion mit den Eltern und deren Schwierigkeiten im emotionalen Umgang erhält sie von ihnen auch keine soziale Unterstützung bei der Regulation (z.B. Tröstung oder Ermutigung). Wegen ihrer mangelhaften sozialen Einbindung gibt es auch kaum Resonanz und Unterstützung für den Umgang mit ihren Emotionen – negativen wie positiven – seitens der Gleichaltrigen. Nicht zuletzt ist auch Petras direkter Einfluss auf die Situation offenbar reduziert; davon ausgenommen sind lediglich Vermeiden und Rückzug, die in einer schwer erträglichen und unkontrollierbaren Situation durchaus angemessen sein können, aber sonst meist unwirksam sind (z.B. Pauls & Reicherts, 2013).

Insgesamt lässt sich Petras Emotionsverarbeitung durch ein *Profil des Mangels* kennzeichnen: Alle Komponenten emotionaler Offenheit erscheinen mehr oder weniger reduziert – man könnte sagen: „unterentwickelt". Gleiches gilt für ihre Emotions-Regulation.

Auch ihr emotionales Erleben ist ausgesprochen problematisch: Einerseits gibt es zu wenig positive, insbesondere soziale oder auf das Selbst bezogene Emotionen; es herrscht eine allgemeine Armut des Erlebens oder diffuses Erleben vor; andererseits gibt es gelegentliche Exzesse (unkontrollierte Wutausbrüche, Einsamkeit, diffuses deprimiertes oder ängstliches Erleben).

Es ist davon auszugehen, dass Petra schon sehr früh Modelle fehlten für ihr Verhalten (für das soziale Verhaltensrepertoire, für die Arbeit in der Schule, etc.) aber auch für ihr Erleben und Verarbeiten von Emotionen im Sinne emotionaler Offenheit.

Zusammenfassend lässt sich festhalten: *Petra hat grossen Entwicklungsbedarf im Erleben und Verarbeiten von Emotionen.*

4.3. Die komplexe Intervention bei Petra und ihrer Umgebung

Generelle Ziele der Interventionen bei Petra sind neben dem Abbau psychischer und sozialer Symptome die Verbesserung der familiären Interaktion und der sozialen Integration – vor allem in der Schule – sowie die Verbesserung der Schulleistungen und das Erreichen einer angemessenen kindgemässen Versorgung durch die Eltern (Ernährung, Hygiene, aber auch Kommunikation oder Freizeitaktivitäten). Deshalb werden Aspekte von Petras Lebensweise und ihres „Funktionierens" (Erleben, Verhalten, Beziehungen) in der Familie, der Schule sowie des sozialen Netzwerks (Angehörige, Peers) einbezogen.

Tabelle 9: Fall „Petra": Zielbereiche (links) und Interventionen (rechts) - Beispiele

(1) Setting, Kontrakt, Förderung des Commitment	(1) Gesprächstechniken, Familiensitzungen, Contracting
(2) Abbau Enuresis, Stehlen, hygienische Vernachlässigung; Aufbau positives Selbstbildes	(2) <u>Spiele und Rollenspiele, erlebnis- u. emotionsorientierte Gesprächstechniken</u>, <u>kreative Arbeit</u>
(3) Förderung der Schulleistung inkl. Motivation, Arbeitshaltung, Arbeitstechniken	(3) Lernförderung durch Fachkraft: Lern- u Arbeitstechnik; <u>Motivation und Stressmanagement;</u> Beratungsgespräche mit Lehrerin (u.a. Beziehung zu Petra, Hausaufgaben, Unterrichtsmaterialien)
(4) Fördern des „Caring", v.a. psychologische „Versorgung"; Hygiene und Ernährung durch Familie	(4) <u>„Versorgung" Petras in Spieltherapie: Empathie, Wärme, Hinlegen/Zudecken, Entspannen;</u> Erziehungsberatung zu Ernährung, Hygiene, Umgang mit Symptomen, Lernsituation zuhause
(5) Verbesserung der Kommunikation in der Familie und der Eltern-Kind-Beziehung	(5) <u>Elterntraining (Kommunikation & Emotion)</u> Erziehungsberatung zu Konflikten, Bedürfnissen, Freizeit
(6) Stärkung der sozialen Einbindung und der sozialen Kompetenz	(6) Erfassung der Begabungen und Interessen Petras; Integration in Arbeitsgruppen der Schule (Chor, Schülerzeitung)

Die komplexe psychosoziale Behandlung, die im Rahmen des IPSG-Instituts für Psychosoziale Gesundheit stattfand, dauerte insgesamt 82 Wochen, also über eineinhalb Jahre. Tabelle 9 zeigt im Überblick die wichtigsten Zielbereiche und eine Auswahl der Interventionen, die im Mittelpunkt standen (unterstrichen sind emotionsbezogene Interventionen).

(1) Setting, Kontrakt, Förderung des Commitments

Zur Anwendung kamen hierbei entsprechende Gesprächstechniken und Contracting (z.B. Pauls, 2013), sowie Sitzungen mit den Eltern.

(2) Abbau der Enuresis, des Stehlens, der hygienischen Vernachlässigung; Aufbau eines positiven Selbstbildes

Eingesetzt wurden hierfür erlebensorientierte und emotionsorientierte Gesprächstechniken (z.B. Reicherts & Pauls, 2013), auch eingebettet in Spiel und Rollenspiel, erlebnisaktivierende kreative Techniken, Bewegungübungen und nicht zuletzt spezifische verhaltenstherapeutische Verfahren (u.a. Verstärkerpläne für Sozialverhalten und Hygiene sowie für Selbststeuerung und Selbstwirksamkeit).

(3) Förderung der Schulleistungen, einschliesslich Motivation, Arbeitshaltung und Arbeitstechniken

Zu den zentralen Interventionen in diesem Zielbereich gehörte einerseits Petras Lernförderung mit Lern- und Arbeitstechniken durch eine lerntherapeutisch geschulte Fachkraft; andererseits Beratungsgespräche mit der Lehrerin (zur Klärung ihrer Beziehung zu Petra; oder Hausaufgabenunterstützung und -kontrolle).

(4) Förderung des „Caring“, insbesondere der psychologischen Versorgung, der Hygiene und des Ernährungsangebots vonseiten der Familie

Massnahmen waren einerseits die Inszenierung der „Versorgung“ Petras in der Spieltherapie: Empathie, Wärme, Hinlegen und Zugedeckt-Werden, Ruhen, Entspannen. Andererseits erhielten die Eltern eine Erziehungsberatung zu Ernährung, Hygiene und den Umgang mit Petras Bedürfnissen in diesem Bereich, aber auch zum Umgang mit ihren Symptomen (Enuresis, Stehlen, Wut etc.) sowie zur Unterstützung ihrer Lern- und Arbeitsbedingungen zuhause.

(5) Verbesserung der Kommunikation in der Familie und Verbesserung der Eltern-Kind-Beziehung

Zu den Massnahmen gehörte ein Elterntraining zu Kommunikation und zu Emotionen (z.B. Wertschätzung, Eingehen auf kindliche Gefühle). Eine weitere Erziehungsberatung bezog sich auf spezifische Kind-Eltern-Konflikte, Bedürfnisse Petras oder der Planung gemeinsamer Freizeitaktivitäten.

(6) Stärkung der sozialen Kompetenz und der sozialen Einbindung von Petra und ihrer Familie

Interventionen umfassten hier eine genauere Erfassung der Begabungen und Interessen Petras; Unterstützung bei der Integration in Arbeitsgruppen der Schule: Chor, Schülerzeitung, Mädchentanzgruppe (an denen sie übrigens gerne und mit wachsendem Erfolg teilnahm).

Darüberhinaus wurden übergreifende Hilfsangebote erarbeitet und Ressourcen in der erweiterten Famile angegangen. Immer wieder einmal einberufene Helferkonferenzen, sowie Supervisionen sorgten für eine Koordination der gemeinsamen Anstrengungen, auch des Netzwerks, und eine gemeinschaftliche Fallkontrolle.

4.4. Interventionen im Bereich von Petras Affektivität

Auf den ersten Blick betrafen keines der Hauptziele und nur wenige Interventionselemente direkt Petras Emotionsverarbeitung. Und doch gab es Elemente, die dafür wesentlich waren. Sie wirkten eher indirekt, aber begleiteten grössere Abschnitte der Behandlung. Diese Elemente sind in der Übersicht unterstrichen. Dazu gehörten mit den Basisinterventionen von Empathie und Wertschätzung im Sinne des klientenzentrierten Ansatzes vor allem emotionsaktivierende und erlebnisaktivierende Interventionen (z.B. Reicherts & Pauls, 2013); ausserdem Spieltherapie und Rollenspiele, in denen spezifische emotionale Settings und Spielkonfigurationen umgesetzt wurden. Die Themen waren hier: Einsamkeit, Zurückweisung, Angst oder Wütend-Sein; Nähren, Versorgen und Versorgt-Werden; und nicht zuletzt Entspannen. Aber auch die Einbindung der Eltern, das Elterntraining zu Kommunikation und Emotion, die Beachtung der kindlichen Bedürfnisse sowie Freizeitaktivitäten spielten hierbei eine wichtige Rolle.

4.5. Behandlungsergebnisse

Die Fortschritte geben der aufwändigen, mehrdimensionalen Behandlung recht: die Zielerreichungsanalyse (vgl. Pauls & Reicherts, in Vorb.), basierend auf einer neunstufigen Zielerreichungsskala (0=0%, 2=25%, 4=50%, 6=75% und 8=100% Erreichung der eingangs festgelegten Ziele; mit Zwischenstufen) belegt für die hier aufgezeigten Zielbereich gute bis sehr gute Erfolge. Abbildung 6 mit der Verlaufsmessung (zweiwöchige Erfassung während 82 Wochen) zeigt die Entwicklung.

Vergleicht man zum Beispiel die ersten acht Wochen (das sind in der Grafik die Messungen 1 bis 4) mit den letzten acht (die Messungen 37 bis 41) sehen wir, dass sich die Enuresis praktisch ganz gebessert hat. Das Commitment ist auch am Ende der Behandlung ausgeprochen hoch und die durchschnittlichen Schulleistungen (hier dargestellt in der Schulnotenskala!) haben sich ganz erstaunlich von etwa 4 bis 5 auf 2 bis 2.5 gebessert. Auch in den drei anderen Zielbereichen ist es zu guten bis sehr guten Verbesserungen (Zielerreichungen) gekommen.

Abbildung 6: Einzelfallanalyse „Petra" (Pauls & Reicherts, in Vorb.): Verlaufsmessung und Erfolgskontrolle anhand von drei Dimensionen der Zielerreichungsanalyse ZEA

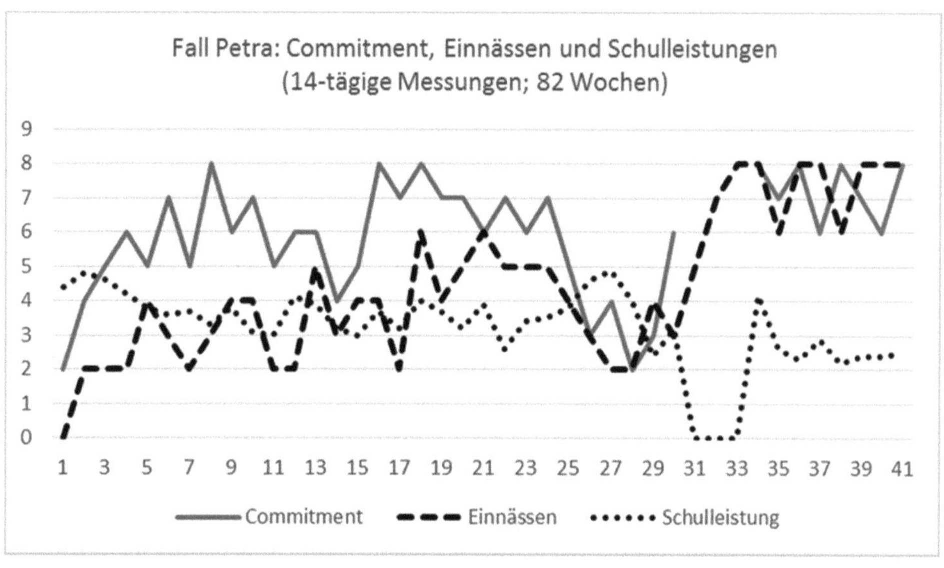

4.6. Spezifische Interventionen im Sinne emotionaler Offenheit

Im Hinblick auf Petras Affektivität kann man sich natürlich vorstellen, dass einige spezifische Techniken und Übungen, zum Beispiel in Anlehnung an das oben dargestellte Interventionsprogramm, die Arbeit an Emotionsverarbeitung und Emotionsregulation in solchen und ähnlichen psycho-sozialen Situationen gezielt verbessern könnten:

(1) Sinnvoll wäre es erstens, ein diagnostisches Instrument für Kinder zu entwickeln, vor allem zur Emotions-Regulation (dafür gibt es eine französischsprachige Vorform eines kindgerechten Fragebogens verbunden mit einem strukturierten Interview; vgl. Brodard et al., 2011).

(2) Zweitens gehören zu kindgerechten Interventionen der emotionalen Offenheit eigens konzipierte bzw. improvisierte Rollenspiele mit Puppen oder Tieren. Zur Auslösung spezifischer Emotionen empfehlen sich kindgerechte Fotos oder Filmsequenzen. Ihre Anwendung wäre zum Beispiel mit eigens dafür konzipierten Spiel-Karten zu verknüpfen, die einerseits bestimmte Emotionen bildlich symbolisieren, andererseits eine reduzierte Anzahl von Emotions-Adjektiven abbilden, analog den Adjektiv-Listen für Erwachsene, die wir weiter oben vorgestellt haben. Diese Spiel-Karten könnte das Kind auswählen, um zu beschreiben, wie es sich fühlt. Diese Karten können auch – wie ein Platzhalter – den Bezugspunkt bilden für die Frage nach Merkmalen der Auslösesituation: „Was ist es denn (in der Situation), das macht, dass ich … bin"; „Ist das Gefühl kurzfristig, quälend, o.ä.?" „Worauf soll mich das Gefühl vorbereiten?"

Zu denken ist ausserdem an die Analyse und Bewertung von Fotos, die den spezifischen Emotionsausdruck von anderen Kindern und von Erwachsenen zeigen. Dies sowohl im Hinblick auf die Emotionsauslösung (hier als emotionale Resonanz oder empathische Rollenübernahme, im Sinne emotionaler Kommunikation), oder der Körperwahrnehmung, vor allem aber zur Illustration und Förderung des eigenen emotionalen Ausdrucks und der Kommunikation.

Sind hinreichend klare und eindeutige Darstellungen verfügbar, können diese auch als Ankerreize dienen, um daran bestimmte Emotionen festzumachen (zu repräsentieren) und zu beschreiben, wie man sich fühlt.

(3) Im Hinblick auf die Emotionsregulation ist auch an andere kognitive Strategien zu denken, wie Imaginationsübungen, oder wie kognitive „Stop-Techniken". Zum Beispiel: „Stop: Was fühle ich gerade?" oder „Stop: Was ist

denn mit mir los? Was passiert da gerade?" „Stop: Werde ich da wütend? Erstmal bis drei zählen..."

Sehr nützlich und anregend sind auch spezifische Übungen zum Umbewerten: Zum Beispiel „Könnte die Situation ... auch etwas anderes bedeuten?", „Es gibt wirklich Schlimmeres!" oder „Wie würde mein Vorbild ... die Situation einschätzen und damit umgehen?"„Da habe ich schon anderes erlebt!"; desgleichen Übungen zu positiven Selbstinstruktionen: „Nicht gleich aufgeben – nicht gleich ducken!" – „Ich weiss: das kann ich sagen (z.B. den Eltern)!" – „Das kann ich schaffen (z.B. in der Schule) – habe schon anderes geschafft!"; „Ich weiss, ich kann mich beruhigen". Die spezifische Formulierung kann, nachdem die Fachperson solche Vorschläge unterbreitet hat, in Abstimmung mit bzw. nach der Vorliebe der Person ausformuliert werden, sodass sie leicht erinnert werden kann und schnell verfügbar ist.

Nicht zu vergessen sind auch körperorientierte Regulationstechniken: Atemübungen wie „Ruhig-Durchatmen", Toben (Abführen von Spannung und Energie), Ausgelassen-Sein oder jubelnd tanzen, wenn man sich freut. Auch für Kinder angepasste Entspannungsübungen der Progressiven Muskelrelaxation nach Jacobson sind geeignet (z.B. Reeker-Lange, Aden & Seyffert, 2012).

Und nicht zu vergessen: Übungen, die sich den freien kreativen Ausdruck im Malen von Bildern, im Formen oder Spielen zunutze machen und dann emotional „ausgearbeitet" werden können – mit dem Ansatz emotionaler Offenheit...

Wir sehen: unserer Phantasie sind keine Grenzen gesetzt! Entscheidend ist der Grundansatz, mit dem wir diese Arbeit lenken: Emotionale Offenheit und das Verständnis ihrer Komponenten leisten dabei grosse Dienste.

5. Ausblick

Emotionsverarbeitung und Emotionsregulation sind zentrale Element unseres Wohlbefindens, sie bereichern unser Leben und helfen uns in unzähligen Situationen.

In der psycho-sozialen Praxis spielen sie in praktisch allen Problemsituationen eine wichtige Rolle – und sind oft entscheidender als man denkt.

Sie sind zentrales Element der Beziehungsgestaltung zwischen der Fachperson, dem jungen Menschen und seiner Umgebung, entsprechend dem Ansatz der „Person-in-environment", und sie sind impliziter Bestandteil der unterschiedlichsten Interventionen. Doch gibt es eine Reihe zum Teil einfacher spezifischer Interventionen, mit denen wir ohne besonderen Aufwand eine recht grosse Wirkung bei der Emotionsverarbeitung unserer Klienten erzielen können.

Um die sozialtherapeutische Arbeit mit einem jungen Menschen gut zu starten, sollte man sich schon früh über sein Profil emotionaler Offenheit und Emotionsregulation klarwerden. Selbst wenn eine Diagnostik mit den spezifischen DOE-Instrumenten nicht möglich ist, sollte man versuchen, sich bereits in der Problemanalyse und Fallexploration davon ein Bild zu machen.

Nach unserer Erfahrung lohnt es sich immer, Erleben und Verarbeiten von Emotionen im Sinne „emotionaler Offenheit" zu interpretieren und unsere Klienten – hier das Kind oder den Jugendlichen – in seinem Profil zu erkennen und ihm dort weiterzuhelfen. Dafür bietet das geschilderte Modell mit seinen Komponenten und die verschiedenen Beispiele zahlreiche Anhaltspunkte.

Voraussetzung dafür aber ist, dass wir uns *über unsere eigene „emotionale Offenheit" klar* werden: über unsere Tendenzen, unsere Schwächen und Stärken. Wir sollten offen sein – uns öffnen – gegenüber unserem eigenen Erleben, gegenüber dem der anderen – und gegenüber unseren eigenen emotionalen Entwicklungsmöglichkeiten.

6. Literatur

Baker, R., Thomas, S., Thomas, P., & Owens, M. (2007). *Development of an emotional processing scale.* Journal of Psychosomatic Research, 62, 167-178.

Bridges, L.J., Denham, S.A. & Ganiban, J.M. (2004). Definitional issues in emotion regulation research. *Child Development, 75*(2), 340-345.

Brodard, F., Quartier, V. & Favez, N. (2011). Die Entwicklung des Erlebens und Verarbeitens von Emotionen in der Kindheit. In M. Reicherts, Ph.A. Genoud & G. Zimmermann (Hrsg.), *Emotionale Offenheit – Ein neuer Ansatz in Forschung und Praxis* (S. 77-98). Bern : Huber.

Eisenberg, N. & Spinrad, T.L. (2004). Emotion-related regulation: Sharpening the definition. *Child Development, 75*(2), 334-339.

Ekman, P. (1999). Basic emotions. In T. Dalgleish M.J. Power (Eds.), *Handbook of cognition and emotion* (pp. 45-60). Chichester, UK: Wiley.

Ekman, P., Friesen, I. & Ellsworth, P. (1982). Conceptual ambiguities. In P. Ekman (Ed.), *Emotion in the human face* (2nd ed.), pp. 7-20). New York: Cambridge University Press.

Ellsworth, P. & Scherer, K.R. (2003). Appraisal processes in emotion. In R.J. Davidson, K.R. Scherer & H.H. Goldsmith (Eds.), *Handbook of affective sciences* (pp.572-595). Oxford: Oxford University Press.

Frijda, N.H. (1986). *The emotions.* Cambridge: Cambridge University Press.

Frijda, N.H. (1994a). Varieties of affect: Emotions, and episodes, moods, and sentiments. In P. Ekman & R.J. Davidson (Eds.), *The nature of emotion: Fundamental questions* (pp. 59-67). Oxford: Oxford University Press.

Frijda, N.H. (1994b). Emotions are functional, most of the time. In P. Ekman & R.J. Davidson (Eds.), *The nature of emotion: Fundamental questions* (pp. 112-122). Oxford: Oxford University Press.

Greenberg, L.S. (2002). *Emotion focused therapy: Coaching clients to work through their feelings.* Washington, DC.: American Psychological Association.

Gross, J.J. (1998). The emerging field of emotion regulation: An integrative review. *Review of General Psychology, 2*, 271-299.

Gross, J.J. & Thompson, R.A. (2007). Emotion regulation: Conceptual foundation. In J.J. Gross (Ed), *Handbook of emotion regulation* (pp. 3-24). New York: Guilford Press.

Gross, J.J. (2007) (Ed.). *Handbook of emotion regulation.* New York: Guilford Press.

Haymoz, S. (2014). *Développement d'un programme d'intervention basé sur le modèle de l'Ouverture Emotionnelle et évaluation de son impact sur le traitement affectif* (Thèse de doctorat). Fribourg: ethesis, Université de Fribourg.

Haymoz, S. & Reicherts, M. (in Vorb.). *Ouverture émotionnelle - programme d'intervention.* Coburg/Weitramsdorf: Edition ZKS.

Heidenreich, T. & Michalak, J. (Hrsg.) (2013). *Die "dritte Welle" der Verhaltenstherapie. Grundlagen und Praxis.* Weinheim: Beltz.

Izard, C. (1977). *Human Emotions.* New York: Plenum.

Jacobson, E. (1938). *Progressive relaxation.* Chicago: Chicago University Press.

Krohne, H. W. (2003). Individual differences in emotional reactions and coping. In R.J. Davidson, K.R. Scherer & H.H. Goldsmith (Eds.), *Handbook of affective sciences* (pp. 698-725). Oxford: Oxford University Press.

Lang, P.J., Bradley, M.M. & Cuthbert, B.N. (2008). *International affective picture system (IAPS): Affective ratings of pictures and instruction manual. Technical Report A-8.* University of Florida, Gainesville, FL.

Lazarus, R.S. (1991). *Emotion and adaptation.* New York: Oxford University Press.

Linehan, M. (1996). *Trainingsmanual zur Dialektisch-Behavioralen Therapie der Borderline-Persönlichkeitsstörung.* München: CIP-Medien.

Morris, W.N. (1989). *Mood: The frame of mind.* New York: Springer.

Page, D. & Reicherts, M. (2011). Emotionale Offenheit bei der Behandlung der Borderline-Persönlichkeitstörung – Eine Falldarstellung. In M. Reicherts, Ph.A. Genoud & G. Zimmermann (Hrsg.), *Emotionale Offenheit – Ein neuer Ansatz in Forschung und Praxis* (S. 233-245). Bern : Huber.

Pauls, H. (2013). *Klinische Sozialarbeit. Grundlagen und Methoden psychosozialer Behandlung.* Weinheim: Beltz.

Pauls, H. & Reicherts, M. (2012). *Zielorientierung und Zielerreichungsanalyse in der psycho-sozialen Fallarbeit.* Coburg/Weitramsdorf: ZKS-Verlag.

Pauls, H. & Reicherts, M. (2013). Allgemeine Basiskompetenzen für sozialtherapeutische Beratung – ein Konzept zur Systematisierung. In H. Pauls, P. Stockmann & M. Reicherts (Hrsg.), *Beratungskompetenzen für die psychosoziale Fallarbeit. Ein sozialtherapeutisches Profil* (S 57-78). Freiburg i.Br.: Lambertus.

Pauls, H. & Reicherts, M. (in Vorb.). Die Einzelfallanalyse in komplexen psycho-sozialen Behandlungssituationen: der Fall „Petra". In M. Reicherts & P.A. Genoud, *Einzelfallanalysen in psycho-sozialer Praxis und Forschung. Grundlagen – Methoden – Anwendungsbeispiele* (in Vorb.)

Pennebaker, J.W. (1995). *Emotion, disclosure, and health.* Washington, DC: American Psychological Association.

Perrez, M. & Reicherts, M. (1992). *Stress, coping, and Health. A situationbehavior approach.* Seattle: Hogrefe & Huber Publishers.

Rachman, S. (2001). Emotional processing with special reference to posttraumatic stress disorder. *International Review of Psychiatry, 13*, 164-171.

Reeker-Lange, C., Aden, P. & Seyffert, S. (2012). *Handbuch der Progressiven Muskelentspannung für Kinder.* Stuttgart: Klett-Cotta.

Reicherts, M. (2007). *Dimensions of Openness to Emotions (DOE). A Model of Affect Processing. Manual* (Scientific Report No 168). Fribourg: University of Fribourg, Departement of Psychology.

Reicherts, M & Haymoz S. (2011*). Inventaire des techniques d régulation des émotions (DOE-TaylorIT).* Fribourg/Suisse: Université de Fribourg, Département de Psychologie.

Reicherts, M. & Genoud, Ph.A. (2011a). Die DOE-Instrumente: Entwicklung, mehrdimensionale Modellierung und psychometrische Kennwerte. In M. Reicherts, Ph.A. Genoud & G. Zimmermann (Hrsg.), *Emotionale Offenheit – Ein neuer Ansatz in Forschung und Praxis* (S. 31-44). Bern : Huber.

Reicherts, M. & Genoud Ph.A. (2011b). Emotionale Offenheit bei Patienten mit Abhängigkeits- und Persönlichkeitsstörungen. In M. Reicherts, Ph.A. Genoud & G. Zimmermann (Hrsg.), *Emotionale Offenheit – Ein neuer Ansatz in Forschung und Praxis* (S. 123-134). Bern : Huber.

Reicherts, M. & Pauls, H. (2013). Emotions- und Erlebensorientierung. In H. Pauls, P. Stockmann & M. Reicherts (Hrsg.), *Beratungskompetenzen für die psychosoziale Fallarbeit. Ein sozialtherapeutisches Profil* (S 79-100). Freiburg i.Br.: Lambertus.

Reicherts, M., Rossier, L. & Rossier, Y. (2011). Emotionsverarbeitung in der Spinnenphobie: Ein experimenteller Ansatz zur emotionalen Offenheit. In M. Reicherts, Ph.A. Genoud & G. Zimmermann (Hrsg.), *Emotionale Offenheit – Ein neuer Ansatz in Forschung und Praxis* (S. 153-164). Bern : Huber.

Reicherts, M., Pauls, H., Rossier. L. & Haymoz, S. (2011). Emotionale Offenheit in psycho-logischen Interventionen. In M. Reicherts, Ph.A. Genoud & G. Zimmermann (Hrsg.), *Emotionale Offenheit – Ein neuer Ansatz in Forschung und Praxis* (S. 195-222). Bern: Huber.

Reicherts, M., Salamin, V., Maggiori, C. & Pauls, K. (2007). The Learning Affect Monitor (LAM) – a computer-based system integrating dimensional and discrete assessment of affective states in daily life. *European Journal of Psychological Assessment, 23* (4), 268-277.

Rossier, Y., Reicherts, M. & Rossier, L. (2006). *Convergences of the implicit associations test and explicit measures in arachnophobic subjects and controls* (Research Report No. 167). Fribourg: University of Fribourg, Department of Psychology.

Russell, J.A., Weiss, A. & Mendelsohn, G.A. (1989). Affect grid: A single-item scale of pleasure and arousal. *Journal of Personality and Social Psychology, 57*, 493-502.

Salovey, P. & Mayer, J.D. (1990). Emotional intelligence. *Imagination, Cognition, and Personality, 9*, 185-211.

Russell, J.A: (2003). Core affect and the psychological construction of emotion. *Psychological Review, 110*, 145-172.

Salovey, P., Caruso, D. & Mayer, J.D. (2004). *Emotional intelligence in practice*. In A. Linley & S. Joseph (Eds.), Positive psychology in practice. New Jersey: John Wiley and Sons.

Scherer, K.R. (2003). Introduction: Cognitive components of emotion. In R.J. Davidson, K.R. Scherer & H.H. Goldsmith (Eds.), *Handbook of affective sciences* (pp. 563-572). New York and Oxford: Oxford University Press.

Scherer, K.R. (2005). What are emotions? And how can they be measured? *Social Science Information, 44,* 5695-729.

Sifneos, P.E. (1973). The prevalence of „alexithymic"characteristics in psychosomatic patients. *Psychotherapy and Psychosomatics, 22,* 255-262.

Taylor, G.J., Bagby, R.M. & Parker, J.D.A. (1997). *Disorders of affect regulation: Alexithymia in medical and psyciatric illness.* Cambridge: Cabridge University Press.

Zimmermann, G. (2011). Emotionale Offenheit im Jugendalter – Erste empirische Hinweise und Reflexion. In M. Reicherts, Ph.A. Genoud & G. Zimmermann (Hrsg.), *Emotionale Offenheit – Ein neuer Ansatz in Forschung und Praxis* (S. 99-110). Bern : Huber.

Zimmermann, G. & Salamin, V. (2011). Emotionale Offenheit im Vergleich mit Alexithymie und emotionaler Intelligenz: Innovation oder „Alter Wein in neuen Schläuchen?". In M. Reicherts, Ph.A. Genoud & G. Zimmermann (Hrsg.), *Emotionale Offenheit – Ein neuer Ansatz in Forschung und Praxis* (S. 45-58). Bern : Huber.

Ben Stacy Jerrik (Ed.)

National Wholesale Liquidators

Ben Stacy Jerrik (Ed.)

National Wholesale Liquidators

West Hempstead, New York

Part Press

Imprint

Permission is granted to copy, distribute and/or modify this document under the terms of the GNU Free Documentation License, Version 1.2 or any later version published by the Free Software Foundation; with no Invariant Sections, with the Front-Cover Texts, and with the Back- Cover Texts. A copy of the license is included in the section entitled "GNU Free Documentation License".

All parts of this book are extracted from Wikipedia, the free encyclopedia (www.wikipedia.org).

You can get detailed informations about the authors of this collection of articles at the end of this book. The editors (Ed.) of this book are no authors. They have not modified or extended the original texts.

Pictures published in this book can be under different licences than the GNU Free Documentation License. You can get detailed informations about the authors and licences of pictures at the end of this book.

The content of this book was generated collaboratively by volunteers. Please be advised that nothing found here has necessarily been reviewed by people with the expertise required to provide you with complete, accurate or reliable information. Some information in this book maybe misleading or wrong. The Publisher does not guarantee the validity of the information found here. If you need specific advice (f.e. in fields of medical, legal, financial, or risk management questions) please contact a professional who is licensed or knowledgeable in that area.

Any brand names and product names mentioned in this book are subject to trademark, brand or patent protection and are trademarks or registered trademarks of their respective holders. The use of brand names, product names, common names, trade names, product descriptions etc. even without a particular marking in this works is in no way to be construed to mean that such names may be regarded as unrestricted in respect of trademark and brand protection legislation and could thus be used by anyone.

Cover image: www.ingimage.com
Concerning the licence of the cover image please contact ingimage.

Publisher:
Part Press is a trademark of
International Book Market Service Ltd., 17 Rue Meldrum, Beau Bassin, 1713-01 Mauritius
Email: info@bookmarketservice.com
Website: www.bookmarketservice.com

Published in 2011

Printed in: U.S.A., U.K., Germany. This book was not produced in Mauritius.

ISBN: 978-613-7-89786-7

Contents

National Wholesale Liquidators

National Wholesale Liquidators is a West Hempstead, New York-based company that operates a chain of warehouse-style closeout discount stores in the Eastern and Midwestern United States. It offers a mix of brand-name items, everyday household items, and furniture. National Wholesale Liquidators carries over 120,000 items. The company also offers appliances, automotive products, bath towels, bedding, carpets and floor covers, detergents and cleaning products, electrical hardware, electronics, food products, furniture outdoor, giftware, health and beauty aids, holiday decorative, and household storage products. In addition, it offers indoor furniture, jewelry, kitchen towels-linens, luggage, men's apparel and fragrances, paint and sundries, paper goods and supplies, personal umbrellas, pet supplies, sporting goods, vacuums and accessories, video games, and women's fragrances. The company, at its peak, operated more than 50 stores in New York, New Jersey, Pennsylvania, Connecticut, Maryland, Washington, D.C., Delaware, Massachusetts, Virginia, Rhode Island, Michigan, and Illinois.

The chain filed for Chapter 11 bankruptcy in November 2008.[1] It moved to close 35 of its 45 stores in December 2008 following a bankruptcy court auction. The Chapter 11 reorganization was converted to Chapter 7 liquidation on February 26, 2009.[2]

In 2008, National was bought by NSC Holdings Inc. and now operates 10 retail locations.

References

[1] http://www.newsday.com/services/newspaper/printedition/wednesday/business/ny-bznatl125923412nov12,0,4506646.story

[2] "Trustee Files More Avoidance Actions in NWL Holdings" (http://delawarebankruptcy.foxrothschild.com/2010/10/articles/ preference-litigation/trustee-files-more-avoidance-actions-in-nwl-holdings/). Delaware Bankruptcy Litigation. . Retrieved 17 November 2010.

External links

- Business Week company profile (http://investing.businessweek.com/research/stocks/private/people. asp?privcapId=131612)
- (http://www.nydailynews.com/ny_local/queens/2009/01/20/ 2009-01-20_discount_chain_hit_by_credit_crunch_kiss.html)

West Hempstead, New York

Not to be confused with West Hampstead, London.

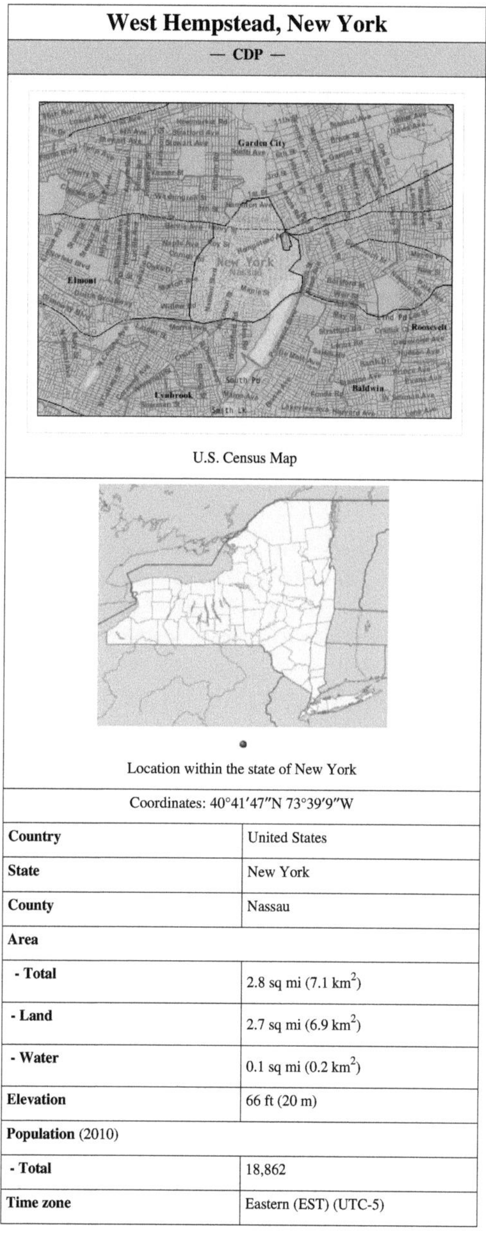

<table>
<tr><td colspan="2" align="center">West Hempstead, New York</td></tr>
<tr><td colspan="2" align="center">— CDP —</td></tr>
<tr><td colspan="2" align="center">U.S. Census Map</td></tr>
<tr><td colspan="2" align="center">Location within the state of New York</td></tr>
<tr><td colspan="2" align="center">Coordinates: 40°41′47″N 73°39′9″W</td></tr>
<tr><td>Country</td><td>United States</td></tr>
<tr><td>State</td><td>New York</td></tr>
<tr><td>County</td><td>Nassau</td></tr>
<tr><td>Area</td><td></td></tr>
<tr><td> - Total</td><td>2.8 sq mi (7.1 km^2)</td></tr>
<tr><td> - Land</td><td>2.7 sq mi (6.9 km^2)</td></tr>
<tr><td> - Water</td><td>0.1 sq mi (0.2 km^2)</td></tr>
<tr><td>Elevation</td><td>66 ft (20 m)</td></tr>
<tr><td>Population (2010)</td><td></td></tr>
<tr><td> - Total</td><td>18,862</td></tr>
<tr><td>Time zone</td><td>Eastern (EST) (UTC-5)</td></tr>
</table>

- Summer (DST)	EDT (UTC-4)
ZIP code	11552
Area code(s)	516
FIPS code	36-80225[1]
GNIS feature ID	0969246[2]

West Hempstead is a hamlet (and a census-designated place) in Nassau County, New York, United States. The population was 18,862 at the 2010 census. West Hempstead is an unincorporated area in the Town of Hempstead.

Geography

West Hempstead is located at 40°41′47″N 73°39′9″W (40.696409, -73.652522)[3] .

According to the United States Census Bureau, the CDP has a total area of 2.8 square miles (7.3 km^2), of which, 2.7 square miles (7.0 km^2) of it is land and 0.1 square miles (0.26 km^2) of it (3.64%) is water.

Demographics

As of the census[1] of 2000, there were 18,713 people, 6,024 households, and 4,867 families residing in the CDP. The population density was 7,039.1 per square mile (2,716.2/km²). There were 6,110 housing units at an average density of 2,298.3/sq mi (886.9/km²). The racial makeup of the CDP was 82.69% White, 5.94% African American, 0.17% Native American, 5.08% Asian, 0.02% Pacific Islander, 3.21% from other races, and 2.89% from two or more races. Hispanic or Latino of any race were 9.94% of the population.

There were 6,024 households out of which 38.1% had children under the age of 18 living with them, 66.3% were married couples living together, 11.0% had a female householder with no husband present, and 19.2% were non-families. 15.9% of all households were made up of individuals and 8.3% had someone living alone who was 65 years of age or older. The average household size was 3.09 and the average family size was 3.47.

In the CDP the population was spread out with 26.2% under the age of 18, 7.3% from 18 to 24, 29.1% from 25 to 44, 23.0% from 45 to 64, and 14.4% who were 65 years of age or older. The median age was 37 years. For every 100 females, there were 95.5 males. For every 100 females age 18 and over, there were 90.7 males.

The median income for a household in the CDP was $71,260, and the median income for a family was $78,481. Males had a median income of $51,391 versus $35,871 for females. The per capita income for the CDP was $26,732. About 3.4% of families and 4.7% of the population were below the poverty line, including 5.4% of those under age 18 and 3.4% of those age 65 or over.

Notable residents

- George Snizek, 2008 East Coast Drag Times Hall of Famer (as driver of the Tasmanian Devil AA/A, AA/FA, CC/FD roadster and Top Fuel dragster) co-owner of Pacers Auto, Inc. aka "Snizek & Dodge Racing Team" as well as a Long Island Ladies Soccer Hall of Fame inductee in 2000 and an Eastern New York Soccer Hall of Fame inductee in 2005.
- Kalomoira, popular Greek singer, was born in West Hempstead.[4]
- Dr. Roger C. Schlobin, (b. 1944). BA, MA, PhD. (Author, scholar, retired English professor). 1962 graduate of WH High School. One of the founders of the International Association for the Fantastic in the Arts, now in its thirty-third year. His The Literature of Fantasy is the definitive, annotated bibliography in the field. Publications include 6 books & over 100 essays, various poems, short stories, reviews, and bibliographies that range from fantasy literature to computer hardware and software. He is the author of the first original, fantasy novel to be published electronically on the Internet: Fire and Fur: The Last Sorcerer Dragon. http://www.wpl.lib.in.us/

roger/

Local activities

- The West Hempstead Chiefs Soccer Club, founded over 30 years ago has over 500 families registered for its current 2010–2011 season and fields teams at both the intramural level and competing in the LIJSL Travel division at the Girls and Boys Level. [5]

References

[1] "American FactFinder" (http://factfinder.census.gov). United States Census Bureau. . Retrieved 2008-01-31.

[2] "US Board on Geographic Names" (http://geonames.usgs.gov). United States Geological Survey. 2007-10-25. . Retrieved 2008-01-31.

[3] "US Gazetteer files: 2010, 2000, and 1990" (http://www.census.gov/geo/www/gazetteer/gazette.html). United States Census Bureau. 2011-02-12. . Retrieved 2011-04-23.

[4] Long Island's Kalomira Sarantis Competing in Antenna's "Fame Story" (http://www.greeknewsonline.com/?p=1278)

[5] "West Hempstead Chiefs" (http://www.whchiefs.com). .

Discount store

A **discount store** is a type of department store, which sells products at prices lower than those asked by traditional retail outlets. Most discount department stores offer a wide assortment of goods; others specialize in such merchandise as jewelry, electronic equipment, or electrical appliances. Discount stores are not variety stores, which sell goods at a single price-point or multiples thereof (£1, $2, etc.). Discount stores differ from variety stores in that they sell many name-brand products, and because of the wide price range of the items offered. Following World War II, a number of retail establishments in the U.S. began to pursue a high-volume, low-profit-margin strategy designed to attract price-conscious consumers.

A typical Wal-Mart discount department store.

Currently Wal-Mart, the largest retailer in the world, operates more than 1,300 discount stores in the U.S. Target and Kmart are Wal-Mart's top competitors. Wal-Mart as of 2004, owns 90% of the Asda chain of supermarkets in the UK. As of 2008, the main rival to Asda is Tesco.

History

During the period from the 1950s to the late 1980s, discount stores were more popular than the average supermarket or department store in the United States. There were hundreds of discount stores in operation, with their most successful period occurring during the mid-1960s in the U.S. with discount store chains such as Kmart, Ames, E. J. Korvette, Fisher's Big Wheel, Zayre, Bradlees, Caldor, Jamesway Howard Brothers Discount Stores, Kuhn's-Big K (sold to Wal-Mart in 1981), TG&Y and Woolco (closed in 1983, part sold to Wal-Mart) among others.

Wal-Mart, Kmart, and Target all opened their first locations in 1962. Other retail companies branched out into the discount store business around that time as adjuncts to their older store concepts. As examples, Woolworth opened a Woolco chain (also in 1962); Montgomery Ward opened Jefferson Ward; Chicago-based Jewel launched Turn Style; and Central Indiana-based L. S. Ayres created Ayr-Way. J.C. Penney opened discount stores called Treasure Island or The Treasury, and Atlanta-based Rich's owned discount stores called Richway. During the late 1970s and the 1980s, these chains typically were either shut down or sold to a larger competitor. Kmart and Target themselves are examples of adjuncts, although their growth prompted their respective parent companies to abandon their older concepts (the S.S. Kresge five and dime store disappeared, while the Dayton-Hudson Corporation eventually divested itself of its department store holdings and renamed itself Target Corporation).

In the United States, discount stores had 42% of overall retail market share in 1987; in 2010, they had 87%.[1]

Many of the major discounters now operate "supercenters", which add a full-service grocery store to the traditional format. The Meijer chain in the Midwest consists entirely of supercenters, while Wal-Mart and Target have focused on the format as of the 1990s as a key to their continued growth. Although discount stores and department stores have different retailing goals and different markets, a recent development in retailing is the "discount department store", such as Sears Essentials, which is a combination of the Kmart and Sears formats, following the companies' merger as Sears Holdings Corporation.

Japan

Japan has numerous discount stores, including Costco, and Mr Max [2].

See also

- Department store
- Variety store
- Hypermarket
- Supermarket
- Grocery store
- Warehouse club
- No frills

References

[1] "America's top stores." 'Consumer Reports, June 2010, p. 17.
[2] http://www.mrmax.co.jp

Further reading

Nelson, Walter Henry, *The Great Discount Delusion*, New York: D. McKay, 1965.

Brand

The American Marketing Association defines a **brand** as a "Name, term, design, symbol, or any other feature that identifies one seller's good or service as distinct from those of other sellers." [1]

A brand can take many forms, including a name, sign, symbol, color combination or slogan. For example, *Coca Cola* is the name of a brand make by a particular company. [2] The word *branding* began simply as a way

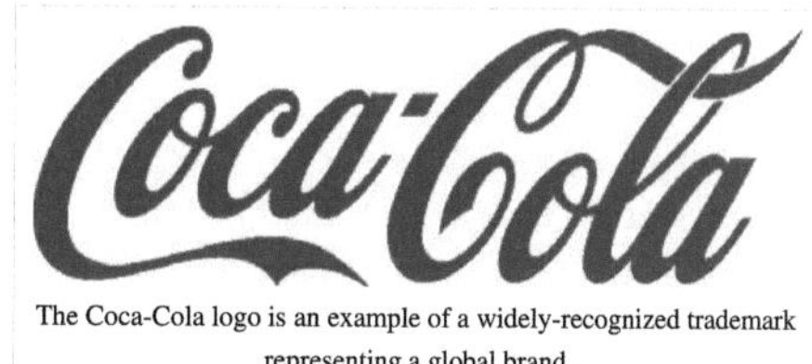

The Coca-Cola logo is an example of a widely-recognized trademark representing a global brand.

to tell one person's cattle from another by means of a hot iron stamp. The word brand has continued to evolve to encompass identity — it affects the personality of a product, company or service. It is defined by a perception, good or bad, that your customers or prospects have about you. [3]

In the automotive industry, the terms *marque*[4] or *make*[5] are often used to denote a brand of motor vehicle.

A **concept brand** is a brand that is associated with an abstract concept, like breast cancer awareness or environmentalism, rather than a specific product, service, or business. A **commodity brand** is a brand associated with a commodity. Got milk? is an example of a commodity brand.

Concepts

Brand is the personality *that identifies* a product, service or company (name, term, sign, symbol, or design, or combination of them) and how it relates to key constituencies: customers, staff, partners, investors etc.

Some people distinguish the psychological aspect, brand associations like thoughts, feelings, perceptions, images, experiences, beliefs, attitudes, and so on that become linked to the brand, of a brand from the experiential aspect.

The experiential aspect consists of the sum of all points of contact with the brand and is known as the **brand experience**. The brand experience is a brand's action perceived by a person. The psychological aspect, sometimes referred to as the **brand image**, is a symbolic construct created within the minds of people, consisting of all the information and expectations associated with a product, service or the company(ies) providing them.

People engaged in branding seek to develop or align the expectations behind the brand experience, creating the impression that a brand associated with a product or service has certain qualities or characteristics that make it special or unique. A brand is therefore one of the most valuable elements in an advertising theme, as it demonstrates what the brand owner is able to offer in the marketplace. The art of creating and maintaining a brand is called brand management. Orientation of the whole organization towards its brand is called brand orientation. The brand orientation is developed in responsiveness to market intelligence.

Careful brand management seeks to make the product or services relevant to the target audience. Brands should be seen as more than the difference between the actual cost of a product and its selling price - they represent the sum of all valuable qualities of a product to the consumer.

A brand which is widely known in the marketplace acquires **brand recognition**. When brand recognition builds up to a point where a brand enjoys a critical mass of positive sentiment in the marketplace, it is said to have achieved **brand franchise**. Brand recognition is most successful when people can state a brand without being explicitly exposed to the company's name, but rather through visual signifiers like logos, slogan's, and colors.[6] For example, Disney has been successful at branding with their particular script font (originally created for Walt Disney's "signature" logo), which it used in the logo for go.com.

Consumers may look on branding as an aspect of products or services, as it often serves to denote a certain attractive quality or characteristic (see also brand promise). From the perspective of brand owners, branded products or services also command higher prices. Where two products resemble each other, but one of the products has no associated branding (such as a generic, store-branded product), people may often select the more expensive branded product on the basis of the quality of the brand or the reputation of the brand owner.

Brand awareness

Brand awareness refers to customers' ability to recall and recognize the brand under different conditions and link to the brand name, logo, jingles and so on to certain associations in memory. It consists of both brand recognition and brand recall. It helps the customers to understand to which product or service category the particular brand belongs and what products and services are sold under the brand name. It also ensures that customers know which of their needs are satisfied by the brand through its products (Keller). Brand awareness is of critical importance since customers will not consider your brand if they are not aware of it.[7]

There are various levels of brand awareness that require different levels and combinations of brand recognition and recall. Top-of-Mind is the goal of most companies. **Top-of-Mind Awareness** occurs when your brand is what pops into a consumers mind when asked to name brands in a product category. For example, when someone is asked to name a type of facial tissue, the common answer is "Kleenex," which is a top-of-mind brand. **Aided Awareness** occurs when a consumer is shown or read a list of brands, and expresses familiarity with your brand only after they hear or see it as a type of memory aide. **Strategic Awareness** occurs when your brand is not only top-of-mind to consumers, but also has distinctive qualities that stick out to consumers as making it better than the other brands in your market. The distinctions that set your product apart from the competition is also known as the Unique Selling Point or USP.

Brand elements

Brands are spreadthrough various elements[8] :

- Name: The word or words used to identify the company, product, service, concept
- Logo: The visual trademark that identifies the brand
- Tagline or Catchphrase: "The Quicker Picker Upper" is associated with Bounty; "Can you hear me now" is an important part of the Verizon brand.
- Shapes: The distinctive shape of the Coca-Cola bottle or the Volkswagen Beetle are trademarked elements of those brands.
- Graphics: The dynamic ribbon is also a trademarked part of Coca-Cola's brand.
- Color: Owens-Corning is the only brand of fiberglass insulation that can be pink.
- Sounds: A unique tune or set of notes can "denote" a brand: NBC's chimes are one of the most famous examples.
- Movement: Lamborghini has trademarked the upward motion of its car doors.
- Smells: Scents, such as the rose-jasmine-musk of Chanel No. 5 is trademarked.
- Taste: KFC has trademarked its special recipe of 11 herbs and spices for fried chicken.

Global brand

A global brand is one which is perceived to reflect the same set of values around the world. Global brands transcend their origins and create strong enduring relationships with consumers across countries and cultures. They are brands sold in international markets. Examples of global brands include Facebook, Apple, Pepsi, McDonald's, Mastercard, Gap, Sony and Nike. These brands are used to sell the same product across multiple markets and could be considered successful to the extent that the associated products are easily recognizable by the diverse set of consumers.

Benefits of global branding

In addition to taking advantage of the outstanding growth opportunities, the following drives the increasing interest
in taking brands global:

- Economies of scale (production and distribution)
- Lower marketing costs
- Laying the groundwork for future extensions worldwide
- Maintaining consistent brand imagery
- Quicker identification and integration of innovations (discovered worldwide)
- Preempting international competitors from entering domestic markets or locking you out of other geographic
  markets
- Increasing international media reach (especially with the explosion of the Internet) is an enabler
- Increases in international business and tourism are also enablers

Global brand variables

The following elements may differ from country to country:

- Corporate slogan
- Products and services
- Product names
- Product features
- Positionings
- Marketing mixes (including pricing, distribution, media and advertising execution)

These differences will depend upon:

- Language differences
- Different styles of communication
- Other cultural differences
- Differences in category and brand development
- Different consumption patterns
- Different competitive sets and marketplace conditions
- Different legal and regulatory environments
- Different national approaches to marketing (media, pricing, distribution, etc.)

Local brand

A brand that is sold and marketed (distributed and promoted) in a relatively small and restricted geographical area. A
local brand is a brand that can be found in only one country or region. It may be called a regional brand if the area
encompasses more than one metropolitan market. It may also be a brand that is developed for a specific national
market, however an interesting thing about local brand is that the local branding is more often done by consumers
than by the producers. Examples of local brands in Sweden are Stomatol, Skånemejerier, etc.[9] [10]

Brand name

The brand name is quite often used interchangeably with "brand", although it is more correctly used to specifically denote written or spoken linguistic elements of any product. In this context a "brand name" constitutes a type of trademark, if the brand name exclusively identifies the brand owner as the commercial source of products or services. A brand owner may seek to protect proprietary rights in relation to a brand name through trademark registration and such trademarks are called "Registered Trademarks". Advertising spokespersons have also become part of some brands, for example: Mr. Whipple of Charmin toilet tissue and Tony the Tiger of Kellogg's Frosted Flakes. Local branding is usually done by the consumers rather than the producers.

Types of brand names

Brand names come in many styles.[11] A few include:

Acronym: A name made of initials such as UPS or IBM

Descriptive: Names that describe a product benefit or function like Whole Foods or Airbus

Alliteration and rhyme: Names that are fun to say and stick in the mind like Reese's Pieces or Dunkin' Donuts

Evocative: Names that evoke a relevant vivid image like Amazon or Crest

Neologisms: Completely made-up words like Wii or Kodak

Foreign word: Adoption of a word from another language like Volvo or Samsung

Founders' names: Using the names of real people,and founder's name like Hewlett-Packard or Disney

Geography: Many brands are named for regions and landmarks like Cisco and Fuji Film

Personification: Many brands take their names from myth like Nike or from the minds of ad execs like Betty Crocker

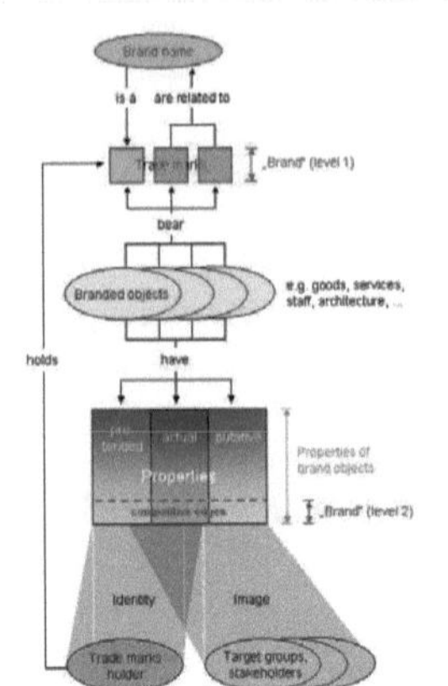
Relationship between trade marks and brand

The act of associating a product or service with a brand has become part of pop culture. Most products have some kind of brand identity, from common table salt to designer jeans. A brandnomer is a brand name that has colloquially become a generic term for a product or service, such as Band-Aid or Kleenex, which are often used to describe any brand of adhesive bandage or any brand of facial tissue respectively.

Brand identity

The outward expression of a brand, including its name, trademark, communications, and visual appearance.[12] Because the identity is assembled by the brand owner, it reflects how the owner *wants* the consumer to perceive the brand - and by extension the branded company, organization, product or service. This is in contrast to the brand image, which is a customer's mental picture of a brand.[12] The brand owner will seek to bridge the gap between the brand image and the brand identity.

Effective brand names build a connection between the brand personality as it is perceived by the target audience and the actual product/service. The brand name should be conceptually on target with the product/service (what the company stands for). Furthermore, the brand name should be on target with the brand demographic.[13] Typically, sustainable brand names are easy to remember, transcend trends and have positive connotations. Brand identity is fundamental to consumer recognition and symbolizes the brand's differentiation from competitors.

Brand identity is what the owner wants to communicate to its potential consumers. However, over time, a product's brand identity may acquire (evolve), gaining new attributes from consumer perspective but not necessarily from the marketing communications an owner percolates to targeted consumers. Therefore, brand associations become handy to check the consumer's perception of the brand.[14]

Brand identity needs to focus on authentic qualities - real characteristics of the value and brand promise being provided and sustained by organizational and/or production characteristics.[15] [16]

Visual brand identity

The recognition and perception of a brand is highly influenced by its visual presentation. A brand's visual identity is the overall look of its communications. Effective visual brand identity is achieved by the consistent use of particular visual elements to create distinction, such as specific fonts, colors, and graphic elements. At the core of every brand identity is a brand mark, or logo. In the United States, brand identity and logo design naturally grew out of the Modernist movement in the 1950s and greatly drew on the principles of that movement − simplicity (Mies van der Rohe's principle of "Less is more") and geometric abstraction. These principles can be observed in the work of the pioneers of the practice of visual brand identity design, such as Paul Rand, Chermayeff & Geismar and Saul Bass.

Brand parity

Brand parity is the perception of the customers that some brands are equivalent.[17] This means that shoppers will purchase within a group of accepted brands rather than choosing one specific brand. When brand parity is present, quality is often not a major concern because consumers believe that only minor quality differences exist.

The visual brand identity manual for Mobil Oil (developed by Chermayeff & Geismar), one of the first visual identities to integrate logotype, icon, alphabet, color palette, and station architecture to create a comprehensive consumer brand experience.

Expanding role of brand

it was meant to make identifying and differentiating a product easier. Over time, brands came to embrace a performance or benefit promise, for the product, certainly, but eventually also for the company behind the brand. Today, brand plays a much bigger role. Brands have been co-opted as powerful symbols in larger debates about economics, social issues, and politics. The power of brands to communicate a complex message quickly and with emotional impact and the ability of brands to attract media attention, make them ideal tools in the hands of activists.[18]

Branding approaches

Company name

Often, especially in the ine of the most powerful statements of branding: saying just before the company's downgrading, "No one ever got fired for buying IBM"). This approach has not worked as well for General Motors, which recently overhauled how its corporate brand relates to the product brands.[19] Exactly how the company name relates to product and services names is known as brand architecture. Decisions about company names and product names and their relationship depends on more than a dozen strategic considerations.[20]

In this case a strong brand name (or company name) is made the vehicle for a range of products (for example, Mercedes-Benz or Black & Decker) or a range of subsidiary brands (such as Cadbury Dairy Milk, Cadbury Flake or Cadbury Fingers in the United States).

Individual branding

Each brand has a separate name (such as Seven-Up, Kool-Aid or Nivea Sun (Beiersdorf)), which may compete against other brands from the same company (for example, Persil, Omo, Surf and Lynx are all owned by Unilever).

Attitude branding and iconic brands

Attitude branding is the choice to represent a larger feeling, which is not necessarily connected with the product or consumption of the product at all. Marketing labeled as attitude branding include that of Nike, Starbucks, The Body Shop, Safeway, and Apple Inc.. In the 2000 book *No Logo*,[21] Naomi Klein describes attitude branding as a "fetish strategy".

> "A great brand raises the bar -- it adds a greater sense of purpose to the experience, whether it's the challenge to do your best in sports and fitness, or the affirmation that the cup of coffee you're drinking really matters." - Howard Schultz (president, CEO, and chairman of Starbucks)

Iconic brands are defined as having aspects that contribute to consumer's self-expression and personal identity. Brands whose value to consumers comes primarily from having identity value are said to be "identity brands". Some of these brands have such a strong identity that they become more or less cultural icons which makes them "iconic brands". Examples are: Apple, Nike and Harley Davidson. Many iconic brands include almost ritual-like behaviour in purchasing or consuming the products.

There are four key elements to creating iconic brands (Holt 2004):

The color, letter font and style of the Coca-Cola and Diet Coca-Cola logos in English were copied into matching Hebrew logos to maintain brand identity in Israel.

1. "Necessary conditions" - The performance of the product must at least be acceptable, preferably with a reputation of having good quality.
2. "Myth-making" - A meaningful storytelling fabricated by cultural insiders. These must be seen as legitimate and respected by consumers for stories to be accepted.
3. "Cultural contradictions" - Some kind of mismatch between prevailing ideology and emergent undercurrents in society. In other words a difference with the way consumers are and how they wish they were.
4. "The cultural brand management process" - Actively engaging in the myth-making process in making sure the brand maintains its position as an icon.

"No-brand" branding

Recently a number of companies have successfully pursued "no-brand" strategies by creating packaging that imitates generic brand simplicity. Examples include the Japanese company Muji, which means "No label" in English (from – "Mujirushi Ryohin" – literally, "No brand quality goods"), and the Florida company No-Ad Sunscreen.

Although there is a distinct Muji brand, Muji products are not branded. This no-brand strategy means that little is spent on advertisement or classical marketing and Muji's success is attributed to the word-of-mouth, a simple shopping experience and the anti-brand movement.[22] [23] [24] "No brand" branding may be construed as a type of branding as the product is made conspicuous through the absence of a brand name. "Tapa Amarilla" or "Yellow Cap" in Venezuela during the 80s is another good example of no-brand strategy. It was simply recognized by the color of the cap of this cleaning products company.

Derived brands

In this case the supplier of a key component, used by a number of suppliers of the end-product, may wish to guarantee its own position by promoting that component as a brand in its own right. The most frequently quoted example is Intel, which positions itself in the PC market with the slogan (and sticker) "Intel Inside".

Brand extension and brand dilution

The existing strong brand name can be used as a vehicle for new or modified products; for example, many fashion and designer companies extended brands into fragrances, shoes and accessories, home textile, home decor, luggage, (sun-) glasses, furniture, hotels, etc.

Mars extended its brand to ice cream, Caterpillar to shoes and watches, Michelin to a restaurant guide, Adidas and Puma to personal hygiene. Dunlop extended its brand from tires to other rubber products such as shoes, golf balls, tennis racquets and adhesives.

There is a difference between brand extension and line extension. A line extension is when a current brand name is used to enter a new market segment in the existing product class, with new varieties or flavors or sizes. When Coca-Cola launched "Diet Coke" and "Cherry Coke" they stayed within the originating product category: non-alcoholic carbonated beverages. Procter & Gamble (P&G) did likewise extending its strong lines (such as Fairy Soap) into neighboring products (Fairy Liquid and Fairy Automatic) within the same category, dish washing detergents.

The risk of over-extension is brand dilution where the brand loses its brand associations with a market segment, product area, or quality, price or cachet.

Multi-brands

Alternatively, in a market that is fragmented amongst a number of brands a supplier can choose deliberately to launch totally new brands in apparent competition with its own existing strong brand (and often with identical product characteristics); simply to soak up some of the share of the market which will in any case go to minor brands. The rationale is that having 3 out of 12 brands in such a market will give a greater overall share than having 1 out of 10 (even if much of the share of these new brands is taken from the existing one). In its most extreme manifestation, a supplier pioneering a new market which it believes will be particularly attractive may choose immediately to launch a second brand in competition with its first, in order to pre-empt others entering the market.

Individual brand names naturally allow greater flexibility by permitting a variety of different products, of differing quality, to be sold without confusing the consumer's perception of what business the company is in or diluting higher quality products.

Once again, Procter & Gamble is a leading exponent of this philosophy, running as many as ten detergent brands in the US market. This also increases the total number of "facings" it receives on supermarket shelves. Sara Lee, on the other hand, uses it to keep the very different parts of the business separate — from Sara Lee cakes through Kiwi polishes to L'Eggs pantyhose. In the hotel business, Marriott uses the name Fairfield Inns for its budget chain (and Ramada uses Rodeway for its own cheaper hotels).

Cannibalization is a particular problem of a "multibrand" approach, in which the new brand takes business away from an established one which the organization also owns. This may be acceptable (indeed to be expected) if there is a net gain overall. Alternatively, it may be the price the organization is willing to pay for shifting its position in the market; the new product being one stage in this process.

Private labels

With the emergence of strong retailers, private label brands, also called own brands, or store brands, also emerged as a major factor in the marketplace. Where the retailer has a particularly strong identity (such as Marks & Spencer in the UK clothing sector) this "own brand" may be able to compete against even the strongest brand leaders, and may outperform those products that are not otherwise strongly branded.

Individual and organizational brands

There are kinds of branding that treat individuals and organizations as the products to be branded. Personal branding treats persons and their careers as brands. The term is thought to have been first used in a 1997 article by Tom Peters.[25] Faith branding treats religious figures and organizations as brands. Religious media expert Phil Cooke has written that faith branding handles the question of how to express faith in a media-dominated culture.[26] Nation branding works with the perception and reputation of countries as brands.

Crowdsourcing Branding

These are brands that are created by the people for the business, which is opposite to the traditional method where the business create a brand. This type of method minimizes the risk of brand failure, since the people that might reject the brand in the traditional method are the ones who are participating in the branding process.

Nation Branding (Place Branding & Public diplomacy)

Nation branding is a field of theory and practice which aims to measure, build and manage the reputation of countries (closely related to place branding). Some approaches applied, such as an increasing importance on the symbolic value of products, have led countries to emphasise their distinctive characteristics. The branding and image of a nation-state "and the successful transference of this image to its exports - is just as important as what they actually produce and sell."[27]

History

The word "brand" is derived from the Old Norse *brandr* meaning "to burn." It refers to the practice of producers burning their mark (or brand) onto their products.[28]

The Italians were among the first to use brands, in the form of watermarks on paper in the 1200s.[29]

Although connected with the history of trademarks[30] and including earlier examples which could be deemed "protobrands" (such as the marketing puns of the "Vesuvinum" wine jars found at Pompeii),[31] brands in the field of mass-marketing originated in the 19th century with the advent of packaged goods. Industrialization moved the production of many household items, such as soap, from local communities to centralized factories. When shipping their items, the factories would literally brand their logo or insignia on the barrels used, extending the meaning of "brand" to that of trademark.

Bass & Company, the British brewery, claims their red triangle brand was the world's first trademark. Lyle's Golden Syrup makes a similar claim, having been named as Britain's oldest brand, with its green and gold packaging having remained almost unchanged since 1885. Another example comes from Antiche Fornaci Giorgi in Italy, whose bricks are stamped or carved with the same proto-logo since 1731, as found in Saint Peter's Basilica in Vatican City.

Cattle were branded long before this. The term "maverick," originally meaning an unbranded calf, comes from Texas rancher Samuel Augustus Maverick who, following the American Civil War, decided that since all other cattle were branded, his would be identified by having no markings at all. Even the signatures on paintings of famous artists like Leonardo Da Vinci can be viewed as an early branding tool.

Factories established during the Industrial Revolution introduced mass-produced goods and needed to sell their products to a wider market, to customers previously familiar only with locally-produced goods. It quickly became apparent that a generic package of soap had difficulty competing with familiar, local products. The packaged goods manufacturers needed to convince the market that the public could place just as much trust in the non-local product. Campbell soup, Coca-Cola, Juicy Fruit gum, Aunt Jemima, and Quaker Oats were among the first products to be 'branded', in an effort to increase the consumer's familiarity with their products. Many brands of that era, such as Uncle Ben's rice and Kellogg's breakfast cereal furnish illustrations of the problem.

Around 1900, James Walter Thompson published a house ad explaining trademark advertising. This was an early commercial explanation of what we now know as branding. Companies soon adopted slogans, mascots, and jingles that began to appear on radio and early television. By the 1940s,[32] manufacturers began to recognize the way in which consumers were developing relationships with their brands in a social/psychological/anthropological sense.

From there, manufacturers quickly learned to build their brand's identity and personality (see **brand identity** and **brand personality**), such as youthfulness, fun or luxury. This began the practice we now know as "branding" today, where the consumers buy "the brand" instead of the product. This trend continued to the 1980s, and is now quantified in concepts such as **brand value** and **brand equity**. Naomi Klein has described this development as "brand equity mania".[21] In 1988, for example, Philip Morris purchased Kraft for six times what the company was worth on paper; it was felt that what they really purchased was its **brand name**.[33]

Marlboro Friday: April 2, 1993 - marked by some as the death of the brand[21] - the day Philip Morris declared that they were cutting the price of Marlboro cigarettes by 20% in order to compete with bargain cigarettes. Marlboro cigarettes were noted at the time for their heavy advertising campaigns and well-nuanced brand image. In response to the announcement Wall street stocks nose-dived[21] for a large number of branded companies: Heinz, Coca Cola, Quaker Oats, PepsiCo. Many thought the event signalled the beginning of a trend towards "brand blindness" (Klein 13), questioning the power of "brand value."

See also

- Brand architecture
- Brand engagement
- Brand equity
- Brand loyalty
- Brand tribalism
- Branding agency
- Co-branding
- Content marketing
- Green brands
- Integrated marketing communications
- Visual brand language

References

[1] American Marketing Association sb Dictionary (http://www.marketingpower.com/_layouts/Dictionary.aspx?dLetter=B). Retrieved 2011-06-29. The Marketing Accountability Standards Board (MASB) endorses this definition as part of its ongoing Common Language: Marketing Activities and Metrics Project (http://www.themasb.org/projects/underway/).

[2] http://www.oxfordlanguagedictionaries.com.ezp1.lib.umn.edu/language_web/Language_web.html?

[3] http://chiefmarketer.com/disciplines/branding/brand_experience_03042007/

[4] "Marque" at Merriam-Webster (http://www.merriam-webster.com/dictionary/marque)

[5] "Make" at Merriam-Webster (http://www.merriam-webster.com/dictionary/make?show=1&t=1318095759)

[6] http://www.investopedia.com/terms/b/brand-recognition.asp#axzz1ZU3vlT4j

[7] Tan, Donald (2010). "Success Factors In Establishing Your Brand" Franchising and Licensing Association. Retrieved from http://www.flasingapore.org/info_branding.php

[8] http://merriamassociates.com/2011/09/beyond-name-and-logo-other-elements-of-your-brand/

[9] Marketingpower.com (http://www.marketingpower.com/_layouts/Dictionary.aspx?dLetter=L)

[10] A study to indicate the importance of brand Awareness in Brand Choice- A Cultural Perspective By Hanna Bornmark, Asa Goransson, Christina Svensson. Department of Business Studies, Kristianstad University, Sweden

[11] MerriamAssociates.com (http://merriamassociates.com/2009/02/styles-and-types-of-company-and-product-names/)

[12] Neumeier, Marty (2004), *The Dictionary of Brand*. ISBN 1-884081-06-1, pp.20

[13] What's in a Brand Name? (http://www.brandpad.co.uk)

[14] (http://www.symbologo.org/2011/05/brand-association-what-we-mean.html)

[15] Diller S., Shedroff N., and Rhea D (2006) Making Meaning: How Successful Businesses Deliver Meaningful Customer Experiences. New Riders, Berkeley, CA,

[16] Kunde, J., (2002) Unique Now... or Never: the Brand Is the Company Driver in the New Value Economy, Financial Times/Prentice Hall. London

[17] Paul S. Richardson, Alan S. Dick and Arun K. Jain "Extrinsic and Intrinsic Cue Effects on Perceptions of Store Brand Quality", Journal of Marketing October 1994 pp. 28-36

[18] http://merriamassociates.com/2010/12/wikileaks-hacktivism-and-brands-as-political-symbols/

[19] http://merriamassociates.com/2010/11/general-motors-a-reorganized-brand-architecture-for-a-reorganized-company/

[20] http://merriamassociates.com/2009/09/brand-architecture-strategic-considerations/

[21] Klein, Naomi (2000) *No logo*, Canada: Random House, ISBN 0-676-97282-9

[22] Muji brand strategy, Muji branding, no name brand - VentureRepublic (http://www.venturerepublic.com/resources/Muji_The_Japanese_No-Brand.asp)

[23] Matt Heig, Brand Royalty: How the World's Top 100 Brands Thrive and Survive, pg.216

[24] Trenmatter.com (http://www.trendmatter.com/2007/05/24/no-brand-brand/)

[25] Tom Peters (August 1997). "The brand Called You" (http://www.fastcompany.com/magazine/10/brandyou.html). *Fast Company* (Mansueto Ventures LLC.) (10): pp. 83. .

[26] Cooke, Phil; *Branding Faith: Why Some Churches and Nonprofits Impact Culture and Others Don't*; Regal, 2008; ISBN 978-0830745630

[27] www.en.wikipedia/Nationbranding

[28] MarketingMagazine.co.uk (http://www.marketingmagazine.co.uk/news/534969/Mark-Ritson-branding-Norse-fire-smokes-bland-brands/?DCMP=ILC-SEARCH)

[29] Colapinto, John (3 October 2011). "Famous Names" (http://www.newyorker.com/reporting/2011/10/03/111003fa_fact_colapinto). *The New Yorker*. . Retrieved 9 October 2011.

[30] (U.S.) Trademark History Timeline (http://www.lib.utexas.edu/engin/trademark/timeline/tmindex.html)

[31] Jstor.org (http://www.jstor.org/pss/3065004)

[32] Mildred Pierce, Newmediagroup.co.uk (http://newmediagroup.co.uk/pphistory1.htm)

[33] Brandpad.co.uk - Is the BRAND approach dead? (http://www.brandpad.co.uk/news-1/isthebuyregularlyandnevereffectapproachdead)

Bibliography

- Birkin, Michael (1994). "Assessing Brand Value," in *Brand Power*. ISBN 0-8147-7965-4
- Fan, Y. (2002) "The National Image of Global Brands", Journal of Brand Management, 9:3, 180-192, available at Brunel.ac.uk (http://bura.brunel.ac.uk/handle/2438/1289)
- Gregory, James (2003). *Best of Branding*. ISBN 0-07-140329-9
- Holt, DB (2004). "How Brands Become Icons: The Principles of Cultural Branding" Harvard University Press, Harvard MA
- Philip Kotler (2004). "Marketing Management", ISBN 81-7808-654-9
- Klein, Naomi (2000) *No logo*, Canada: Random House, ISBN 0-676-97282-9
- Kotler, Philip and Pfoertsch, Waldemar (2006). *B2B Brand Management*, ISBN 3-540-25360-2.
- Martins, Jose Souza (2000) *The Emotional Nature of a Brand: Creating images to become world leaders.* Brazil: Marts Plan Imagen Ltda.
- Miller & Muir (2004). *The Business of Brands*, ISBN 0-470-86259-9.
- Olins, Wally (2003). *On Brand*, London: Thames and Hudson, ISBN 0-500-51145-4.
- Schmidt, Klaus and Chris Ludlow (2002). *Inclusive Branding: The Why and How of a Holistic approach to Brands.* Basingstoke: Palgrave Macmillan, ISBN 0-333-98079-4
- Wernick, Andrew (1991). *Promotional Culture: Advertising, Ideology and Symbolic Expression* (Theory, Culture & Society S.), London: Sage Publications, ISBN 0-8039-8390-5

Furniture

"**Furniture**" is the mass noun for the movable objects intended to support various human activities such as seating and sleeping in beds, to hold objects at a convenient height for work using horizontal surfaces above the ground, or to store things. Storage furniture such as a nightstand often makes use of doors, drawers, shelves and locks to contain, organize or secure smaller objects such as clothes, tools, books, and household goods. (See *List of furniture types*.)

Furniture can be a product of design and is considered a form of decorative art. In addition to furniture's functional role, it can serve a symbolic or religious purpose. Domestic furniture works to create, in conjunction with furnishings such as clocks and lighting, comfortable and convenient interior spaces. Furniture can be made from many materials, including metal, plastic, and wood. Furniture can be made using a variety of woodworking joints which often reflect the local culture.

A dining table for two

History

Furniture in fashion has been a part of the human experience since the development of non-nomadic cultures. Evidence of furniture survives from the Neolithic Period and later in antiquity in the form of paintings, such as the wall Murals discovered at Pompeii; sculpture, and examples have been excavated in Egypt and found in tombs in Ghiordes, in modern day Turkey.

Neolithic Period

A range of unique stone furniture has been excavated in Skara Brae a Neolithic village, located in Orkney, . The site dates from 3100–2500 BC and due to a shortage of wood in Orkney, the people of Skara Brae were forced to build with stone, a readily available material that could be worked easily and turned into items for use within the household. Each house shows a high degree of sophistication and was equipped with an extensive assortment of stone furniture, ranging from cupboards, dressers and beds to shelves, stone seats, and limpet tanks. The stone dressers were regarded as the most important as it symbolically faces the entrance in each house and is therefore the first item seen when entering, perhaps displaying symbolic objects, including decorative artwork such as several Neolithic Carved Stone Balls also found at the site.

Skara Brae house Orkney Scotland evidence of home furnishings i.e. a dresser containing shelves.

The Classical World

Early furniture has been excavated from the 8th-century BC Phrygian tumulus, the Midas Mound, in Gordion, Turkey. Pieces found here include tables and inlaid serving stands. There are also surviving works from the 9th-8th-century BC Assyrian palace of Nimrud. The earliest surviving carpet, the Pazyryk Carpet was discovered in a frozen tomb in Siberia and has been dated between the 6th and 3rd century BC. Recovered Ancient Egyptian furniture includes 3rd millennium BC beds discovered at Tarkhan as place for the deceased, a c. 2550 BC gilded bed and to chairs from the tomb of Queen Hetepheres, and many examples (boxes, beds, chairs) from c. 1550 to 1200 BC from Thebes. Ancient Greek furniture design beginning in the 2nd millennium BC, including beds and the klismos chair, is preserved not only by extant works, but by images on Greek vases. The 1738 and 1748 excavations of Herculaneum and Pompeii revealed Roman furniture, preserved in the ashes of the 79 A.D. eruption of Vesuvius, to the eighteenth century.

Early Modern Europe

The furniture of the Middle Ages was usually heavy, oak, and ornamented with carved designs. Along with the other arts, the Italian Renaissance of the fourteenth and fifteenth century marked a rebirth in design, often inspired by the Greco-Roman tradition. A similar explosion of design, and renaissance of culture in general, occurred in Northern Europe, starting in the fifteenth century. The seventeenth century, in both Southern and Northern Europe, was characterized by opulent, often gilded Baroque designs that frequently incorporated a profusion of vegetal and scrolling ornament. Starting in the eighteenth century, furniture designs began to develop more rapidly. Although there were some styles that belonged primarily to one nation, such as Palladianism in

Florentine *cassone* from the 15th century

Great Britain or Louis Quinze in French furniture, others, such as the Rococo and Neoclassicism were perpetuated throughout Western Europe.

There is in Italy a geographical area named Brianza . Its economy included and includes production of furniture, furnishing from 1748. The most important towns for this economy are in zones near Cantù with Arosio, Cabiate, Inverigo, Mariano Comense and Lissone with Barlassina, Bovisio Masciago, Briosco, Cesano Maderno, Desio, Giussano, Lentate sul Seveso, Limbiate, Macherio, Seregno, Seveso, Verano Brianza; to remember also zone near Renate.

19th Century

The nineteenth century is usually defined by concurrent revival styles, including Gothic, Neoclassicism, Rococo, and the EastHaven Movement. The design reforms of the late century introduced the Aesthetic movement and the Arts and Crafts movement. Art Nouveau was influenced by both of these movements.

Early North American

This design was in many ways rooted in necessity and emphasizes both form and materials. Early American chairs and tables are often constructed with turned spindles and chair backs often constructed with steaming to bend the wood. Wood choices tend to be deciduous hardwoods with a particular emphasis on the wood of edible or fruit bearing trees such as Cherry or Walnut.

Modernism

The first three-quarters of the twentieth century are often seen as the march towards Modernism. Art Deco, De Stijl, Bauhaus, Wiener Werkstätte, and Vienna Secession designers all worked to some degree within the Modernist idiom. Born from the Bauhaus and Art Deco/Streamline styles came the post WWII "Mid-Century Modern" style using materials developed during the war including lamenated plywood, plastics and fiberglass. Prime examples include furniture designed by George Nelson Associates, Charles and Ray Eames, Paul McCobb, Florence Knoll, Harry Bertoia, Eero Saarinen, Harvey Probber, Vladamir Kagan and Danish modern designers including Finn Juhl and Arne Jacobsen. Postmodern design, intersecting the Pop art movement, gained steam in the 1960s and 70s, promoted in the 80s by groups such as the Italy-based Memphis movement. Transitional furniture is intended to fill a place between Traditional and Modern tastes.

Red and Blue Chair (1917), designed by Gerrit Rietveld

Stainless Steel Table with FSC Teca Wood - Brazil Ecodesign

Ecodesign

With the great efforts from people, governments and companies, in order to manufacture products with more sustainability, there is a new line of furniture design that is based on environmentally friendly design, that is called Ecodesign and its use is increasing year after year.

Contemporary

One unique outgrowth of post-modern furniture design is Live edge, heralding a return to natural shapes and textures within the home.[1]

Asian history

Asian furniture has a quite distinct history. The traditions out of India, China, Pakistan, Indonesia (Bali and Java) and Japan are some of the best known, but places such as Korea, Mongolia, and the countries of South East Asia have unique facets of their own.

The use of uncarved wood and bamboo and the use of heavy lacquers are well known Chinese styles. It is worth noting that China has an incredibly rich and diverse history, and architecture, religion, furniture and culture in general can vary incredibly from one dynasty to the next.

Sendai-dansu for kimono, zelkova wood, note the elaborate ironwork, handles on side for transportation, and lockable compartment

Traditional Japanese furniture is well known for its minimalist style, extensive use of wood, high-quality craftsmanship and reliance on wood grain instead of painting or thick lacquer. Japanese chests are known as Tansu, known for elaborate decorative iron work, and are some of the most sought-after of Japanese antiques. The antiques available generally date back to the Tokugawa era and Meiji era.

Types of wood to make furniture

All different type of woods have unique signature marks, that can help in easy identification of the type. Following are some characteristics that define the common type of wood used to make furniture Ash (white ash) Basswood Beech Birch (yellow birch) Butternut Cedar (Eastern red cedar) Cherry (black cherry) Gum (sweetgum, red gum) Hickory (shagbark hickory) Lauan (red lauan, white lauan) Mahogany (New World mahogany, African mahogany) Maple (sugar maple) Oak (red oak, white oak) Pine (white pine) Redwood Rosewood (Brazilian, Indian, or Ceylonese rosewood) Sycamore Teak Walnut (black walnut, European walnut)

References

[1] Gray, Channing. "Haute and cool: Fine Furnishings show branches out in 10th year with a bigger spread of classic and cutting-edge pieces" (http://www.projo.com/art/content/projo_20051016_furnish.32b0ca3.html). *The Providence Journal.* .

External links

- *Le Garde-meuble, ancien et moderne* (http://www.sil.si.edu/DigitalCollections/Art-Design/garde-meuble/) (1841–1851) Digital Exhibition of an influential French furniture magazine. Smithsonian Institution Libraries
- Images of furniture design available from the Visual Arts Data Service (VADS) - including images from the Frederick Parker Chair Collection (http://www.vads.ahds.ac.uk/collections/FPC.html), Design Council Archives (http://www.vads.ahds.ac.uk/collections/DCA.html), and the Design Council Slide Collection (http://www.vads.ahds.ac.uk/collections/DCSC.html).
- Dictionary of the History of Furniture (http://www.1900.hu/en/texts/categories/49)
- History of Furniture Timeline (http://www.maltwood.uvic.ca/hoft/timeline.html) From Maltwood Art Museum and Gallery, University of Victoria
- Illustrated History Of Furniture (http://www.gutenberg.org/files/12254/12254-h/12254-h.htm)
- Home Economics Archive: Tradition, Research, History (HEARTH) (http://hearth.library.cornell.edu/) An e-book collection of over 1,000 books on home economics spanning 1850 to 1950, created by Cornell University's Mann Library (http://www.mannlib.cornell.edu/). Includes several hundred works on furniture and interior design in this period, itemized in a specific bibliography (http://hearth.library.cornell.edu/h/hearth/bibs/applied.pdf).

Chapter 11, Title 11, United States Code

Chapter 11 is a chapter of the United States Bankruptcy Code, which permits reorganization under the bankruptcy laws of the United States. Chapter 11 bankruptcy is available to every business, whether organized as a corporation or sole proprietorship, and to individuals, although it is most prominently used by corporate entities. In contrast, Chapter 7 governs the process of a liquidation bankruptcy, while Chapter 13 provides a reorganization process for the majority of private individuals.

Chapter 11 in general

When a business is unable to service its debt or pay its creditors, the business or its creditors can file with a federal bankruptcy court for protection under either Chapter 7 or Chapter 11.

In Chapter 7, the business ceases operations, a trustee sells all of its assets, and then distributes the proceeds to its creditors. Any residual amount is returned to the owners of the company. In Chapter 11, in most instances the debtor remains in control of its business operations as a *debtor in possession*, and is subject to the oversight and jurisdiction of the court.[1]

Features of Chapter 11 reorganization

Chapter 11 retains many of the features present in all, or most, bankruptcy proceedings in the U.S. It provides additional tools for debtors as well. Most importantly, 11 U.S.C. § 1108 [2] empowers the trustee to operate the debtor's business. In Chapter 11, unless a separate trustee is appointed for cause, the debtor, as debtor in possession, acts as trustee of the business.[3]

Chapter 11 affords the debtor in possession a number of mechanisms to restructure its business. A debtor in possession can acquire financing and loans on favorable terms by giving new lenders first priority on the business' earnings. The court may also permit the debtor in possession to reject and cancel contracts. Debtors are also protected from other litigation against the business through the imposition of an automatic stay. While the automatic stay is in place, most litigation against the debtor is stayed, or put on hold, until it can be resolved in bankruptcy court, or resumed in its original venue.

If the business's debts exceed its assets, the bankruptcy restructuring results in the company's owners being left with nothing; instead, the owners' rights and interests are ended and the company's creditors are left with ownership of the newly reorganized company.

All creditors are entitled to be heard by the court. The court is ultimately responsible for determining whether the proposed plan of reorganization complies with the bankruptcy law.

One controversy that has broken out in bankruptcy courts since 2007 concerns the proper amount of disclosure that the court and other parties are entitled to receive from the members of the ad hoc creditor's committees that play a large role in many such proceedings.[4]

The chapter 11 plan

Chapter 11 usually results in reorganization of the debtor's business or personal assets and debts, but can also be used as a mechanism for liquidation. Debtors may "emerge" from a Chapter 11 bankruptcy within a few months or within several years, depending on the size and complexity of the bankruptcy. The Bankruptcy Code accomplishes this objective through the use of a bankruptcy plan. With some exceptions, the plan may be proposed by any party in interest.[5] Interested creditors then vote for a plan.

Confirmation

If the judge approves the reorganization plan and if the creditors all agree the plan can be confirmed. If at least one class of creditors votes against the plan and thus objects, the plan may nonetheless be confirmed if the requirements of cramdown are met. In order to be confirmed over their objection the plan must not discriminate against that class of creditors and the plan is fair and equitable to that class.

Upon its confirmation, the plan becomes binding and identifies the treatment of debts and operations of the business for the duration of the plan.

Debtors in Chapter 11 have the exclusive right to propose a plan of reorganization for a period of time (in most cases 120 days). After that time has elapsed, creditors may also propose plans. Plans must satisfy a number of criteria in order to be "confirmed" by the bankruptcy court. Among other things, creditors must vote to approve the plan of reorganization. If a plan cannot be confirmed, the court may either convert the case to a liquidation under Chapter 7, or, if in the best interests of the creditors and the estate, the case may be dismissed resulting in a return to the status quo before bankruptcy. If the case is dismissed, creditors will look to non-bankruptcy law in order to satisfy their claims.

Automatic stay

As with other forms of bankruptcy, petitions filed under Chapter 11 invoke the automatic stay of § 362 [6]. The automatic stay requires all creditors to cease collection attempts, and makes many post-petition debt collection efforts void or voidable. Under some circumstances, creditors or the United States Trustee can ask the court to convert the case to a liquidation under Chapter 7, or to appoint a trustee to manage the debtor's business. The court will grant a motion to convert to Chapter 7 or appoint a trustee if either of these actions is in the best interest of all creditors. Sometimes a company will liquidate under Chapter 11, in which the pre-existing management may be able to help get a higher price for divisions or other assets than a Chapter 7 liquidation would be likely to achieve. Appointment of a trustee requires some wrongdoing or gross mismanagement on the part of existing management and is relatively rare.

Executory contracts

Some contracts, known as executory contracts, may be rejected if canceling them would be financially favorable to the company and its creditors. Such contracts may include labor union contracts, supply or operating contracts (with both vendors and customers), and real estate leases. The standard feature of executory contracts is that each party to the contract has duties remaining under the contract. In the event of a rejection, the remaining parties to the contract become unsecured creditors of the debtor. For example, in some districts a contract for deed is an executory contract, while in others it is not.

Priority

Chapter 11 follows the same priority scheme as other bankruptcy chapters. The priority structure is defined primarily by § 507 of the Bankruptcy Code (11 U.S.C. § 507 [7].)

As a general rule secured creditors—creditors who have a security interest, or collateral, in the debtor's property—will be paid before unsecured creditors. Unsecured creditors' claims are prioritized by § 507. For instance the claims of suppliers of products or employees of a company may be paid before other unsecured creditors are paid. Each priority level must be paid in full before the next lowest priority level may receive payment.

Section 1110

Section 1110 (11 U.S.C. § 1110 [8]) generally provides a secured party with an interest in an aircraft the ability to take possession of the equipment within 60 days after a bankruptcy filing unless the airline cures all defaults. More specifically, the right of the lender to take possession of the secured equipment is not hampered by the automatic stay provisions of the U.S. Bankruptcy Code.

Stock

If the company's stock is publicly traded, a Chapter 11 filing generally causes it to be delisted from its primary stock exchange if listed on the New York Stock Exchange, the American Stock Exchange, or the NASDAQ. On the NASDAQ the identifying fifth letter "Q" at the end of a stock symbol indicates the company is in bankruptcy (formerly the "Q" was placed in front of the pre-existing stock symbol; a celebrated example was Penn Central, whose symbol was originally "PC" and became "QPC" after the company filed Chapter 11 in 1970). Many stocks that are delisted quickly resume listing as over-the-counter (OTC) stocks. In the overwhelming majority of cases, the Chapter 11 plan, when confirmed, terminates the shares of the company, rendering shares valueless.

Individuals may file Chapter 11, but due to the complexity and expense of the proceeding, this option is rarely chosen by debtors who are eligible for Chapter 7 or Chapter 13 relief.

Rationale

In enacting Chapter 11 of the Bankruptcy code, Congress concluded that it is sometimes the case that the value of a business is greater if sold or reorganized as a going concern than the value of the sum of its parts if the business's assets were to be sold off individually. It follows that it may be more economically efficient to allow a troubled company to continue running, cancel some of its debts, and give ownership of the newly reorganized company to the creditors whose debts were canceled. Alternatively, the business can be sold as a going concern with the net proceeds of the sale distributed to creditors ratably in accordance with statutory priorities. In this way, jobs may be saved, the (previously mismanaged) engine of profitability which is the business is maintained (presumably under better management) rather than being dismantled, and, as a proponent of a chapter 11 plan is required to demonstrate as a precursor to plan confirmation, the business's creditors end up with more money than they would in a Chapter 7 liquidation.

Considerations

The reorganization and court process may take an inordinate amount of time, limiting the chances of a successful outcome and sufficient debtor in possession financing may be unavailable during an economic recession. A preplanned, preagreed approach sometimes called a pre-packaged bankruptcy by the parties may facilitate the desired result. A company undergoing Chapter 11 reorganization is effectively operating under the "protection" of the court until it emerges. An example is the airline industry in the United States; in 2006 over half the industry's seating capacity was on airlines that were in Chapter 11.[9] These airlines were able to stop making debt payments, freeing up cash to expand routes or weather a price war against competitors — all with the bankruptcy court's approval. This is especially important in the airline industry as fixed capital costs for the airplanes (and the debt on those costs) make up such a large part of the airlines' expenditures.

Studies on the impact of forestalling the creditors' rights to enforce their security reach different conclusions.[10]

Statistics

Frequency

Chapter 11 cases dropped by 60% from 1991 to 2003. One 2007 study[11] found this was because businesses were turning to bankruptcy-like proceedings under state law, rather than the federal bankruptcy proceedings, including those under chapter 11. Insolvency proceedings under state law, the study stated, are currently faster, less expensive, and more private, with some states not even requiring court filings. However, a 2005 study[11] claimed the drop may have been due to an increase in the incorrect classification of many bankruptcies as "consumer cases" rather than "business cases".

Cases involving more than US$50 million in assets are almost always handled in federal bankruptcy court, and not in bankruptcy-like state proceeding.

Largest cases

The largest bankruptcy in history was of the US investment bank Lehman Brothers Holdings Inc., which listed $639 billion in assets as of its Chapter 11 filing in 2008. The 16 largest corporate bankruptcies as of 1 November 2009:[12]

Company	Filing date	Total Assets pre-filing	Total assets pre-filing at today's value	Filing court district
Lehman Brothers Holdings Inc.	2008-09-15	$639,063,000,800	$652 billion	NY-S
Washington Mutual	2008-09-26	$327,913,000,000	$335 billion	DE
Worldcom Inc.	2002-07-21	$103,914,000,000	$127 billion	NY-S
General Motors Corporation [13]	2009-06-01	$82,300,000,000	$84.3 billion	NY-S
CIT Group	2009-11-01	$71,019,200,000	$72.7 billion	NY-S
Enron Corp.*	2001-12-02	$63,392,000,000	$78.7 billion	NY-S
Conseco, Inc.	2002-12-18	$61,392,000,000	$75 billion	IL-N
MF Global (Jon Corzine, CEO)	2011-10-31	$41,000,000,000	$41 billion	NY-S
Chrysler LLC [14]	2009-04-30	$39,300,000,000	$40.3 billion	NY-S
Texaco, Inc.	1987-04-12	$35,892,000,000	$69.4 billion	NY-S
Financial Corp. of America	1988-09-09	$33,864,000,000	$62.9 billion	CA-C
Penn Central Transportation Company [15]	1970-06-21	$7,000,000,000	$39.6 billion	PA-S
Refco Inc.	2005-10-17	$33,333,172,000	$37.5 billion	NY-S
Global Crossing Ltd.	2002-01-28	$30,185,000,000	$36.9 billion	NY-S
Pacific Gas and Electric Co.	2001-04-06	$29,770,000,000	$36.9 billion	CA-N
UAL Corp.	2002-12-09	$25,197,000,000	$30.8 billion	IL-N
Delta Air Lines, Inc.	2005-09-14	$21,801,000,000	$24.5 billion	NY-S
Delphi Corporation, Inc.	2005-10-08	$22,000,000,000	$24.5 billion	NY-S

* The Enron assets were taken from the 10-Q filed on November 11, 2001. The company announced that the annual financials were under review at the time of filing for Chapter 11.

Notes

[1] Joseph Swanson and Peter Marshall, Houlihan Lokey and Lyndon Norley, Kirkland & Ellis International LLP (2008). A Practitioner's Guide to Corporate Restructuring. City & Financial Publishing, 1st edition ISBN 9781905121311

[2] http://www.law.cornell.edu/uscode/11/1108.html

[3] 11 U.S.C. § 1107 (http://www.law.cornell.edu/uscode/11/1107.html)

[4] (Financial Times) (http://www.ft.com/cms/s/2/166ef296-0abb-11df-b35f-00144feabdc0,dwp_uuid=e8477cc4-c820-11db-b0dc-000b5df10621.html)

[5] 11 U.S.C. § 1121 (http://www.law.cornell.edu/uscode/11/1121.html)

[6] http://www.bknevada.com/index.php/chapter-3-case-administration/subchapter-iv-administrative-powers/362-automatic-stay

[7] http://www.law.cornell.edu/uscode/11/507.html

[8] http://www.law.cornell.edu/uscode/11/1110.html

[9] Isidore, Chris; Senior, /Money (2005-09-14). "Delta and Northwest airlines both file for bankruptcy" (http://money.cnn.com/2005/09/14/news/fortune500/bankruptcy_airlines/). *CNN.* . Retrieved November 17, 2005.

[10] "The night of the killer zombies" (http://www.economist.com/displaystory.cfm?story_id=1494270). *Economist.com.* 2002-12-12. . Retrieved 2006-08-05.

[11] (January 24, 2007), "Small Firms Spurn Chapter 11", *Wall Street Journal*, page B6B

[12] Bankruptcydata.com (http://www.bankruptcydata.com)

[13] Chapter11blog.com (http://www.chapter11blog.com/chapter11/2009/06/general-motors-corporation-files-for-chapter-11.html)

[14] Chapterblog.com (http://www.chapter11blog.com/chapter11/2009/04/affidavit-of-cfo-filed-in-chrysler-chapter-11.html)

[15] (http://www.jstor.org/stable/4470905)

Similar programs in other countries

- For similar programs in the United Kingdom, Australia, and New Zealand, see Administration (insolvency).
- For a similar program in Ireland see Examinership.

External links

- US changes bankruptcy protection laws (http://news.bbc.co.uk/2/hi/business/4342900.stm), via BBC News.
- Complete Title 11 (ZIP file) (http://uscode.house.gov/download/pls/Title_11.ZIP), via www.house.gov

Chapter 7, Title 11, United States Code

Chapter 7 of the Title 11 of the United States Code (Bankruptcy Code) governs the process of liquidation under the bankruptcy laws of the United States. (In contrast, Chapters 11 and 13 govern the process of *reorganization* of a debtor in bankruptcy.) Chapter 7 is the most common form of bankruptcy in the United States.[1]

For businesses

When a troubled business is badly in debt and unable to service that debt or pay its creditors, it may file (or be forced by its creditors to file) for bankruptcy in a federal court under Chapter 7. A Chapter 7 filing means that the business ceases operations unless continued by the Chapter 7 Trustee. A Chapter 7 Trustee is appointed almost immediately, with broad powers to examine the business's financial affairs. The Trustee generally sells all the assets and distributes the proceeds to the creditors. This may or may not mean that all employees will lose their jobs. When a very large company enters Chapter 7 bankruptcy, entire divisions of the company may be sold intact to other companies during the liquidation.

Fully secured creditors, such as collateralized bondholders or mortgage lenders, have a legally enforceable right to the collateral securing their loans or to the equivalent value, a right which cannot be defeated by bankruptcy. A creditor is fully secured if the value of the collateral for its loan to the debtor equals or exceeds the amount of the debt. For this reason, however, fully secured creditors are not entitled to participate in any distribution of liquidated assets that the bankruptcy trustee might make.

In a Chapter 7 case, a corporation or partnership does not receive a bankruptcy discharge—instead, the entity is dissolved. Only an individual can receive a Chapter 7 discharge (see 11 U.S.C. § 727(a)(1) [2]). Once all assets of the corporate or partnership debtor have been fully administered, the case is closed. The debts of the corporation or partnership theoretically continue to exist until applicable statutory periods of limitations expire.

For individuals

Individuals who reside, have a place of business, or own property in the United States may file for bankruptcy in a federal court under Chapter 7 ("straight bankruptcy", or liquidation).[3] Chapter 7, as with other bankruptcy chapters, is not available to individuals who have had bankruptcy cases dismissed within the prior 180 days under specified circumstances.[4] [5]

In a Chapter 7 bankruptcy, the individual is allowed to keep certain exempt property. Most liens, however (such as real estate mortgages and security interests for car loans), survive. The value of property that can be claimed as exempt varies from state to state. Other assets, if any, are sold (*liquidated*) by the interim trustee to repay creditors. Many types of unsecured debt are legally discharged by the bankruptcy proceeding, but there are various types of debt that are not discharged in a Chapter 7. [6] Common exceptions to discharge include child support, income taxes less than 3 years old and property taxes, student loans (unless the debtor prevails in a difficult-to-win adversary proceeding brought to determine the dischargeability of the student loan), and fines and restitution imposed by a court for any crimes committed by the debtor. Spousal support is likewise not covered by a bankruptcy filing nor are property settlements through divorce. Despite their potential non-dischargeability, all debts must be listed on bankruptcy schedules.

A chapter 7 bankruptcy stays on an individual's credit report for 10 years from the date of filing the chapter 7 petition. This contrasts with a chapter 13 bankruptcy, which stays on an individual's credit report for 7 years from the date of filing the chapter 13 petition. This may make credit less available and/or terms less favorable, although high debt can have the same effect. That must be balanced against the removal of actual debt from the filer's record by the bankruptcy, which tends to improve creditworthiness. Consumer credit and creditworthiness is a complex subject, however. Future ability to obtain credit is dependent on multiple factors and difficult to predict.

Another aspect to consider is whether the debtor can avoid a challenge by the United States Trustee to his or her Chapter 7 filing as *abusive*. One factor in considering whether the U.S. Trustee can prevail in a challenge to the debtor's Chapter 7 filing is whether the debtor can otherwise afford to repay some or all of his debts out of disposable income in the five year time frame provided by Chapter 13. If so, then the U.S. Trustee may succeed in preventing the debtor from receiving a discharge under Chapter 7, effectively forcing the debtor into Chapter 13.

It is widely held amongst bankruptcy practitioners that the U.S. Trustee has become much more aggressive in recent times in pursuing (what the U.S. Trustee believes to be) *abusive* Chapter 7 filings. Through these activities the U.S. Trustee has achieved a regulatory system that Congress and most creditor-friendly commentors have consistently espoused, i.e., a formal means test for Chapter 7. The Bankruptcy Abuse Prevention and Consumer Protection Act of 2005 has clarified this area of concern by making changes to the U.S. Bankruptcy Code that include, along with many other reforms, language imposing a means test for Chapter 7 cases.

Creditworthiness and the likelihood of receiving a Chapter 7 discharge are only a few of many issues to be considered in determining whether to file bankruptcy. The importance of the effects of bankruptcy on creditworthiness is sometimes overemphasized because by the time most debtors are ready to file for bankruptcy their credit score is already ruined.[7] Also, new credit extended post-petition is not covered by the discharge, so creditors may offer new credit to the newly-bankrupt.

Methods of filing for bankruptcy

Federal bankruptcy forms

Functionally, templates are more or less the computer based equivalent of paper bankruptcy forms. The official Federal bankruptcy forms prescribed in the Federal Bankruptcy Rules [8] come as Microsoft Word and Adobe Acrobat formatted templates where each bankruptcy form is represented by a Word or Acrobat file. While these forms are electronic in nature and reside on a computer, they do not contain intelligence that would guide the debtor. The debtor still has to fill in each bankruptcy form separately as they would with paper forms and the debtor still has to grapple with the complexity of bankruptcy law.

Bankruptcy software

In bankruptcy software, the debtor interacts with the software through a web page and is shielded from the actual bankruptcy forms and from the intricacies of bankruptcy law. The debtor responds to questions in an interview setting, much like with tax programs such as TurboTax or automated documents made through HotDocs. The debtor enters names and addresses, a list of their creditors and assets and other financial information and the software generates all the court-ready forms and delivers them to the debtor via email or a download link. The accuracy of the forms is nevertheless imperfect, as it is difficult for software to ensure that the debtor understands what has to be disclosed, what the exemptions for their state are, whether they qualify for said exemptions, and whether expenses included on the means test are allowable.

Non-attorney petition preparer

An alternative to do-it-yourself is the Non-attorney bankruptcy petition preparer. This method appeals to those who cannot afford the higher cost of bankruptcy attorneys and at the same time do not want the hassle and uncertainty of self-prepared document templates and software. Bankruptcy petition preparers fill this need. The bankruptcy forms are prepared by trained individuals rather than by debtor themselves. However, having a preparer or paralegal prepare the petition does not guarantee compliance with all applicable laws, or assure that maximum advantage will be taken of exemptions. As with online bankruptcy software, debtors in some cases submit their bankruptcy information through a simple web page interface. Rather than having some software automatically generate the forms, trained paralegals use the information to prepare the document and then deliver them to the debtor.

Bankruptcy trustees will check the bankruptcy petition to ensure that the petition was prepared properly, much like the trustee would do if a lawyer had prepared the forms. The BAPCPA provides guidelines for petition preparers to follow to protect the consumer.

Bankruptcy attorney

A bankruptcy attorney can advise the consumer on when the best time to file is, whether they qualify for a chapter 7 or need to file a chapter 13, ensure that all requirements are fulfilled so that the bankruptcy will go smoothly, and whether the debtor's assets will be safe if they file. With expanded requirements of the BAPCPA bankruptcy act of 2005, filing a personal chapter 7 bankruptcy is complicated. Many attorneys that used to practice bankruptcy in addition to their other fields, have stopped doing so due to the additional requirements, liability and work involved. After the petition is filed, the attorney can provide other services.

2005 bankruptcy law revision

On October 17, 2005 the Bankruptcy Abuse Prevention and Consumer Protection Act (BAPCPA) went into effect. This legislation was the biggest reform to the bankruptcy laws since 1978. The legislation was enacted after years of lobbying efforts by banks and lending institutions and was intended to prevent abuses of the bankruptcy laws.

The changes to Chapter 7 were extensive.

Means test

The most noteworthy change brought by the 2005 BAPCPA amendments occurred within 11 U.S.C. § 707(b) [9]. The amendments effectively subject most debtors who have an income, as calculated by the Code, above the debtor's state census median income to a 60 month disposable income based test. This test is referred to as the "means test". The means test provides for a finding of abuse if the debtor's disposable monthly income is higher than a specified floor amount or portion of their debts. If a presumption of abuse is found under the means test, it may only be rebutted in the case of "special circumstances."[10] Debtors whose income is below the state's median income are not subject to the means test. Under this test, any debtor with more than $182.50 in monthly disposable income, under the formula, would face a presumption of abuse.

Notably, the Code calculated income is based on the prior six months and may be higher or lower than the debtor's actual current income at the time of filing for bankruptcy. This has led some commentators to refer to the bankruptcy code's "current monthly income" as "presumed income." If the debtor's debt is not primarily consumer debt, then the means test is inapplicable. The inapplicability to non-consumer debt allows business debtors to "abuse" credit without repercussion unless the court finds "cause."

"Special circumstances" does not confer judicial discretion; rather, it gives a debtor an opportunity to adjust income by documenting additional expenses or loss of income in situations caused by a medical condition or being called or order to active military service. However, the assumption of abuse is only rebutted where the additional expenses or adjustments for loss of income are significant enough to change the outcome of the means test. Otherwise, abuse is still presumed despite the "special circumstances."

Credit counseling

Another major change to the law enacted by BAPCPA deals with eligibility. §109(h) [11] provides that a debtor will no longer be eligible to file under either chapter 7 or chapter 13 unless within 180 days prior to filing the debtor received an "individual or group briefing" from a nonprofit budget and credit counseling agency approved by the United States trustee or bankruptcy administrator [12]

The new legislation also requires that all individual debtors in either chapter 7 or chapter 13 complete an "instructional course concerning personal financial management." If a chapter 7 debtor does not complete the course, this constitutes grounds for denial of discharge pursuant to new §727(a)(11) [13]. The financial management program is experimental and the effectiveness of the program is to be studied for 18 months. Theoretically, if the educational courses prove to be ineffective, the requirement may disappear.

Applicability of exemptions

BAPCPA attempted to eliminate the perceived "forum shopping" by changing the rules on claiming exemptions. Under BAPCPA, a debtor who has moved from one state to another within two years of filing (730 days) the bankruptcy case must use exemptions from the place of the debtor's domicile for the majority of the 180 day time period preceding the two years (730 days) before the filing §522(b)(3) [14]. If the new residency requirement would render the debtor ineligible for any exemption, then the debtor can choose the federal exemptions.

BAPCPA also "capped" the amount of a homestead exemption that a debtor can claim in bankruptcy, despite state exemption statutes. Also, there is a "cap" placed upon the homestead exemption in situations where the debtor, within 1215 days (about 3 years and 4 months) preceding the bankruptcy case added value to a homestead. The provision provides that "any value in excess of $125,000" added to a homestead can not be exempted. The only exception is if the value was transferred from another homestead within the same state or if the homestead is the principal residence of a family farmer (§522(p) [14]). This "cap" would apply in situations where a debtor has purchased a new homestead in a different state, or where the debtor has increased the value to his/her homestead (presumably through a remodeling or addition).

Lien avoidance

Some types of liens may be avoided through a chapter 7 bankruptcy case. However, BAPCPA limited the ability of debtors to avoid liens through bankruptcy. The definition of "household goods" was changed limiting "electronic equipment" to one radio, one television, one VCR, and one personal computer with related equipment. The definition now excludes works of art not created by the debtor or a relative of the debtor, jewelry worth more than $500 (except wedding rings), and motor vehicles (§522(f)(1)(B) [14]). Prior to BAPCPA, the definition of household goods was broader so that more items could have been included, including more than one television, VCR, radio, etc.

Other changes

- Decreased the number and type of debts that could be discharged in bankruptcy. Decreased limits for discharge of debts incurred discharging luxury goods. Expanded the scope of student loans not dischargeable without "undue hardship."
- Increase the time in which a debtor may have multiple discharges from 6 to 8 years.[15]
- Limited the duration of the automatic stay, particularly for debtors who had filed within one year of a previous bankruptcy. Automatic stay may be extended at the discretion of the court.
- BAPCPA limited the applicability of the automatic stay in eviction proceedings. If the landlord has already obtained a judgment of possession prior to the bankruptcy case being filed, a Debtor must deposit an escrow for rent with the Bankruptcy Court, and the stay may be lifted if the Debtor does not pay the Landlord in full within 30 days thereafter, §362(b)(22) [6]. The stay also would not apply in a situation where the eviction is based on

"endangerment" of the rented property or "illegal use of controlled substances" on the property, §362(b)(23) [6].

- BAPCPA enacts a provision that protects creditors from monetary penalties for violating the stay if the debtor did not give "effective" notice pursuant to §342 [16], [§342(g)]. The new notice provisions require the debtor to give notice of the bankruptcy to the creditor at an "address filed by the creditor with the court," or "at an address stated in two communications from the creditor to the debtor within 90 days of the filing of the bankruptcy case.

References

[1] U.S. Courts Bankruptcy Statistics (http://www.uscourts.gov/Press_Releases/2008/bankrupt_f2table_sep2008.xls), Fiscal Year 2008.

[2] http://www.law.cornell.edu/uscode/11/727.html#a_1

[3] 11 U.S.C. § 109(b) (http://bknevada.com/index.php/chapter-1-general-provisions/109-who-may-be-a-debtor)

[4] 11 U.S.C. § 109 (http://www.bknevada.com/index.php/chapter-1-general-provisions/109-who-may-be-a-debtor)

[5] An Overview of Chapter 7 Bankruptcy (http://www.articlecat.com/Article/An-Overview-of-Chapter-7-Bankruptcy/213050)

[6] Osmanov. "Bankruptcy in the United States" (http://bankruptcy-law-online.com/category/chapter-7-bankruptcy/). *Title 11, Chapter 7 Bankruptcy.* . Retrieved 8/11/2011.

[7] Credit and Bankruptcy (http://www.bankruptcyaccess.com/bankruptcy/credit-and-bankruptcy.html)

[8] http://www.law.cornell.edu/rules/frbp/

[9] http://www.law.cornell.edu/uscode/11/707(b).html

[10] 11 U.S.C. § 707(b)(2)(B) (http://www.bknevada.com/index.php/chapter-7-liquidation/subchapter-i-officers-and-administration/707-dismissal-of-a-case-or-conversion-to-a-case-under-chapter-11-or-13)

[11] http://bknevada.com/index.php/chapter-1-general-provisions/109-who-may-be-a-debtor

[12] 11 USC 109(h). (http://bknevada.com/index.php/chapter-1-general-provisions/109-who-may-be-a-debtor)

[13] http://www.bknevada.com/index.php/chapter-7-liquidation/subchapter-ii-collection-liquidation-and-distribution-of-the-estate/727-discharge

[14] http://www.bknevada.com/index.php/chapter-5-creditors-the-debtor-and-the-estate/subchapter-ii-debtors-duties-and-benefits/522-exemptions

[15] 11 U.S.C. § 727(a)(8) (http://www.bknevada.com/index.php/chapter-7-liquidation/subchapter-ii-collection-liquidation-and-distribution-of-the-estate/727-discharge)

[16] http://www.bknevada.com/index.php/chapter-3-case-administration/subchapter-iii-administration/-342-notice

External links

- The Library of Congress – U.S. Congressional bill status and text of *The Bankruptcy Abuse Prevention and Consumer Protection Act of 2005* (http://thomas.loc.gov/cgi-bin/query/D?c109:6:./temp/~c109KXqRb1::)

Hempstead (town), New York

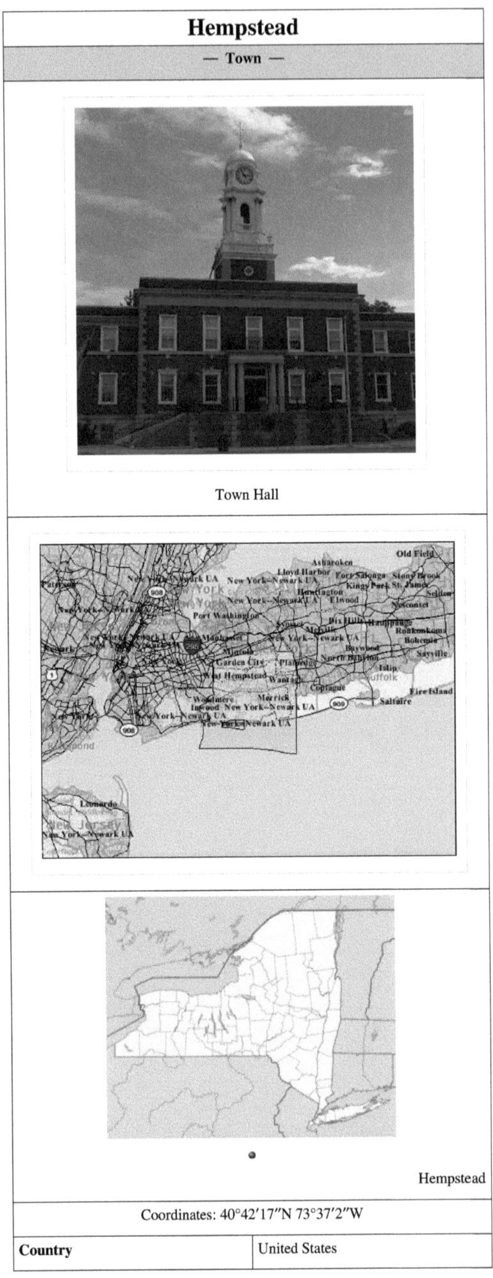

Town Hall

Hempstead

Coordinates: 40°42′17″N 73°37′2″W

Country	United States

State	New York
County	Nassau
Government	
- Type	Town Council
- Town Supervisor	Kate Murray (R)
- Town Council	
Area	
- Total	191.3 sq mi (495.5 km^2)
- Land	120.0 sq mi (310.7 km^2)
- Water	71.4 sq mi (184.8 km^2)
Population (2010)	
- Total	759,757
- Density	6406.7/sq mi (2473.6/km^2)
Time zone	Eastern (EST) (UTC-5)
- Summer (DST)	EDT (UTC-4)
ZIP code	
Area code(s)	516
FIPS code	
GNIS feature ID	
Website	[1]

Hempstead is one of the three towns in Nassau County, New York, United States, occupying the southwest part of the county. There are twenty-two incorporated villages completely or partially in the town. Hempstead's combined population was 759,757 at the 2010 Census, the majority of the population of the county and by far the most of any town in New York. There is also a village named Hempstead within the town.

If the town were to be incorporated as a city it would be the 2nd largest city in New York behind New York City and ahead of Buffalo, and it would be the 16th largest city in the country, placing itself behind Columbus, Ohio with a population of 787,033, and ahead of Fort Worth, Texas, which has a population of 741,206. The town's density is also greater than Columbus' and Fort Worth's, which are 3,556.1 per square mile, and 2,403.7 per square mile respectively.

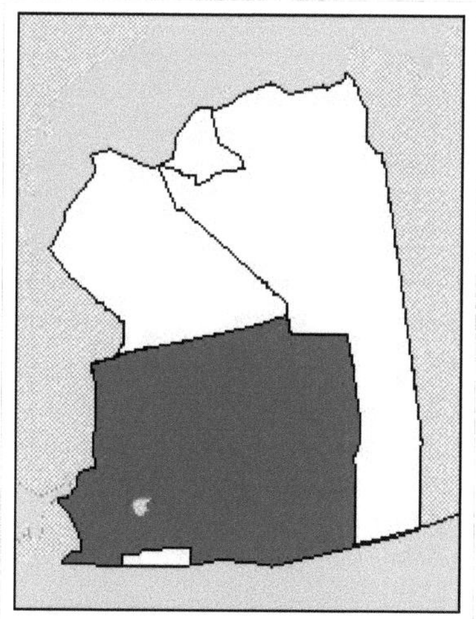

History

The town was first settled around 1644 following the establishment of a treaty between English colonists, John Carman and Robert Fordham, and the Indians in 1643. Although the settlers were from the English colony of Connecticut, a patent was issued by New Amsterdam after the settlers had purchased land from the local natives. This transaction can be seen in a mural in the Hempstead Village Hall, reproduced from a poster commemorating the 300th anniversary of Hempstead Village.

Regarding the origin of the name "Hempstead", Hempstead founder John Carman was born in 1606 in Hemel Hempstead, Hertfordshire, England, on ancestral land recorded in the 2nd historic census of England (under Edward the First), the Rotuli Hundredorum (Hundred Rolls) AD 1273 as being owned by his direct ancestor Henry Carman. These same properties were on record continuously as being owned by Henry's descendants, through John Carman of 1606. John's wife Florence and her father, Rev. Robert Fordham, were from Surrey, England.

Another theory regarding the origin of the name 'Hempstead' is that it is derived from the Dutch town of 'Heemstede' in the Netherlands, as this was an area many Dutch settlers of New Netherland originated from. Several of Hempstead's original fifty patentees had Dutch surnames. In 1664, the new settlement adopted the Duke's Laws, an austere set of laws that became the basis upon which the laws of many colonies were to be founded. For a time, Hempstead became known as "Old Blue," as a result of the "Blue Laws".[2]

During the American Revolution the Loyalists in the south and the American sympathizers in the north caused a split in 1784 into "North Hempstead" and "South Hempstead". With the 1898 incorporation of the Borough of Queens as part of the city of New York, and the 1899 split of Queens County to create Nassau County, some southwestern portions of the Town of Hempstead seceded from the town and became part of the Borough of Queens.

Richard Hewlett, who was born in Hempstead, served as a Lieutenant Colonel with the British Army under General Oliver De Lancey in the American Revolution. Afterwards, Hewlett departed the United States with other Loyalists and settled in the newly-created Province of New Brunswick in what later became Canada. The region he settled in preserves a connection in name with his birthplace: Hampstead in Queen's County, which lies next to Long Island in the Saint John River.

Government and politics

The Town is headed by the Supervisor, currently Kate Murray (R-Levittown). The responsibilities of the office include presiding over meetings of the Town Council and directing the legislative and administrative function of that body. The position also entails creating and implementing the town's budget. Murray is the first woman elected to this office. One famous former supervisor was Republican Alfonse D'Amato, who later represented New York in the United States Senate from 1981 to 1999.

The Town Council comprises six voting members, elected from a councilmatic district. Their primary function is to adopt the annual budget, adopting and amending the town code and the building zone ordinances, adopting all traffic regulations, and hearing applications for changes of zone and special exceptions to zoning codes.

As of the 2005 local elections, the council members are:

1. Dorothy L. Goosby (D-Hempstead Village)
2. Edward A. Ambrosino (R-North Valley Stream)
3. James Darcy (R-Valley Stream)
4. Anthony J. Santino (R-East Rockaway)
5. Angie M. Cullin (R-Freeport)
6. Gary Hudes (R-Levittown)

Other elected officials in the town include the clerk and the receiver of taxes. The clerk is responsible for issuing birth, marriage, and death certificates and is considered the town's record keeper. The clerk is currently Mark A. Bonilla of Seaford. The Receiver of Taxes is Donald X. Clavin, Jr. of Garden City.

State and federal representation

Hempstead is part of New York's 3rd and 4th Congressional Districts. District 3, represented by Peter T. King (R-Seaford), is the southern and eastern portions of the town, while District 4, represented by Carolyn McCarthy (D-Mineola), is the northern and western portions of the town.

Hempstead is in parts of New York's 6th, 7th, 8th, and 9th Senatorial Districts. They are currently represented by Kemp Hannon (R), Jack Martins (R), Charles J. Fuschillo, Jr. (R), and Dean Skelos (R), respectively.

Eight assembly districts are either within or partly within the town. They are Districts 12, 14-15, and 17-21. The assembly members are Joseph Saladino (R), Brian F. Curran (R), Michael Montesano (R), Thomas McKevitt (R), Earlene Hill Hooper (D), David G. McDonough (R), Harvey D. Weisenberg (D), and Edward Ra (R), respectively.

County Legislators

Hempstead has 12 county legislative districts either within or in part of the town. They are districts 1-8, 13-15, and 19. The legislators who represent those districts are:

1. Kevan Abrahams
2. Robert Troiano
3. John Ciotti
4. Denise Ford
5. Joseph Scannell
6. Francis X. Becker, Jr.
7. Howard Kopel
8. Vincent Muscarella
13. Norma L. Gonsalves
14. Joseph Belesi
15. Dennis Dunne, Sr.
19. David Denenberg

Politics

Though the town government is still controlled by the Republicans (and has been for almost the entire history of the party), town voters in recent years leaned Democratic in elections on the state and federal level. In the last three presidential elections, the Democrat has won decisively in Hempstead (Bill Clinton received 56% in 1996, Al Gore received 58% in 2000 and John Kerry got 53% in 2004). Democratic Senator Chuck Schumer won Hempstead by a large margin in 2004, Democratic County Executive Thomas Suozzi won here in 2001 and 2005, and most of the town is represented in the United States House of Representatives by Democrat Carolyn McCarthy, who has consistently won over 60% of the vote in the last few election cycles.

Economy

According to a Newsday survey, the Town of Hempstead is Long Island's 47th largest single employer with a total of 1,974 employees.

Lufthansa and Swiss International Air Lines have their United States headquarters in East Meadow.[3] [4] [5] At one time Swiss operated its United States office at 776 RexCorp Plaza in the EAB Plaza in Uniondale. The airline moved from 41 Pinelawn Road in Melville, Suffolk County around 2002.[6] [7]

Geography

According to the United States Census Bureau, the town has a total area of 191.3 square miles (495.5 km²). 120.0 square miles (310.7 km²) of it is land and 71.4 square miles (184.8 km²) of it (37.30%) is water.

The west town line is the border of Queens County, New York, in New York City. Its northern border is along the main line of the Long Island Rail Road and along Old Country Road in Garden City heading east towards the Wantagh Parkway. Its eastern border runs parallel (and several hundred feet west of) Route 107. To the south is the Atlantic Ocean, off the coast of Atlantic Beach, Lido, Pt. Lookout, and Jones Beach. The town is located on Long Island.

The most popular beach on the east coast of the United States, Jones Beach is located in Hempstead. The beach is a popular destination for Long Islanders and residents of New York City. The beach itself receives about six million visitors a year.

Wantagh Parkway approach to Jones Beach. Centered is the Jones Beach Water Tower.

Communities

The town of Hempstead contains 22 villages and 37 hamlets:

Villages

- Atlantic Beach
- Bellerose
- Cedarhurst
- East Rockaway
- Floral Park *(part; with North Hempstead)*
- Freeport
- Garden City *(small part in North Hempstead)*
- Hempstead (village)
- Hewlett Bay Park
- Hewlett Harbor
- Hewlett Neck
- Island Park
- Lawrence
- Lynbrook
- Malverne
- Mineola *(almost all in North Hempstead)*
- New Hyde Park *(part; with North Hempstead)*
- Rockville Centre
- South Floral Park
- Stewart Manor
- Valley Stream
- Woodsburgh

Hamlets

- Baldwin
- Baldwin Harbor
- Barnum Island
- Bay Park
- Bellerose Terrace
- Bellmore
- Bethpage[8] (part; with Oyster Bay)
- East Atlantic Beach
- East Garden City
- East Meadow
- Elmont
- Franklin Square
- Garden City South
- Harbor Isle
- Hewlett
- Inwood
- Lakeview
- Levittown
- Lido Beach
- Malverne Park Oaks
- Merrick
- North Bellmore
- North Lynbrook
- North Merrick
- North Valley Stream
- North Wantagh
- North Woodmere
- Oceanside
- Point Lookout
- Roosevelt
- Salisbury (South Westbury)
- Seaford
- South Hempstead
- South Valley Stream
- Uniondale
- Wantagh
- West Hempstead
- Woodmere

Demographics

As of the census[9] of 2010, there were 759,757 people, 246,828 households, and 193,513 families residing in the town. The population density was 6,301.3 inhabitants per square mile (2,433.0/km²). There were 252,286 housing units at an average density of 2,103.0 per square mile (812.0/km²). The racial makeup of the town was 59.9% White, 16.5% Black or African American, 0.3% Native American, 5.2% Asian, 0.03% Pacific Islander, 4.5% from other races, and 2.2% from two or more races. Hispanic or Latino of any race were 17.4% of the population.

There were 246,828 households out of which 36.5% had children under the age of 18 living with them, 62.2% were married couples living together, 12.3% had a female householder with no husband present, and 21.6% were non-families. 18.1% of all households were made up of individuals and 9.2% had someone living alone who was 65 years of age or older. The average household size was 3.02 and the average family size was 3.41.

In the town the population was spread out with 25.4% under the age of 18, 7.8% from 18 to 24, 29.2% from 25 to 44, 23.4% from 45 to 64, and 14.1% who were 65 years of age or older. The median age was 38 years. For every 100 females there were 92.3 males. For every 100 females age 18 and over, there were 88.2 males.

According to a 2007 estimate, the median income for a household in the town was $84,362, and the median income for a family was $96,080.[10] Males had a median income of $50,818 versus $36,334 for females. The per capita income for the town was $28,153. About 4.0% of families and 5.8% of the population were below the poverty line, including 6.6% of those under age 18 and 5.7% of those age 65 or over.

State Parks

- Hempstead Lake State Park
- Valley Stream State Park
- Jones Beach State Park

Notes

[1] http://www.toh.li

[2] "History of The Village of Hempstead" (http://www.villageofhempstead.org/about.asp). The Incorporated Village of Hempstead. 2006. . Retrieved August 9, 2010.

[3] " Contact us (http://www.swiss.com/countries/US/local_content/contacts/Pages/Contacts.aspx)." SWISS USA. Retrieved on January 29, 2011. "1640 Hempstead Turnpike East Meadow, NY"

[4] " Ticket copy request (http://www.lufthansa.com/mediapool/pdf/07/media_527207.pdf)." Lufthansa. Retrieved on January 29, 2011. "1640 Hempstead Turnpike East Meadow, NY 11554."

[5] " East Meadow CDP, New York (http://factfinder.census.gov/servlet/MapItDrawServlet?geo_id=16000US3622502&_bucket_id=50&tree_id=420&context=saff&_lang=en&_sse=on)." U.S. Census Bureau. Retrieved on January 29, 2011.

[6] " Contact Us SWISS USA (http://www.swiss.com/countries/US/local_content/contacts/Pages/Contacts.aspx)." *Swiss International Air Lines*. Retrieved on January 20, 2009.

[7] Anastasi, Nick. " SwissAir USA HQ heads to market.(Swiss International Airlines moves to Uniondale) (http://www.allbusiness.com/operations/facilities/1079029-1.html)." *Long Island Business News*. June 7, 2002. Retrieved on January 25, 2009.

[8] "Town of Hempstead Map" (http://www.townofhempstead.org/content/home/townmap.html). . Retrieved 2007-12-23.

[9] "American FactFinder" (http://factfinder.census.gov). United States Census Bureau. . Retrieved 2008-01-31.

[10] http://factfinder.census.gov/servlet/ACSSAFFFacts?_event=ChangeGeoContext&geo_id=06000US3605934000&_geoContext=01000US%7C04000US36%7C05000US36103%7C06000US3610304000&_street=&_county=hempstead&_cityTown=hempstead&_state=04000US36&_zip=&_lang=en&_sse=on&ActiveGeoDiv=geoSelect&_useEV=&pctxt=fph&pgsl=010&_submenuId=factsheet_1&ds_name=ACS_2006_SAFF&_ci_nbr=null&qr_name=null®=null%3Anull&_keyword=&_industry=

See also

- Town of Oyster Bay, New York
- Town of North Hempstead
- 29 Maple Avenue, Hempstead New York

External links

- Town of Hempstead, Long Island, NY (http://www.toh.li)
- Town of Hempstead information (http://www.rev.net/~aloe/hempstead)
- Town of Hempstead history (http://www.townofhempstead.org/content/tc/history.html)

Population density

Population density (in agriculture **standing stock** and standing crop) is a measurement of population per unit area or unit volume. It is frequently applied to living organisms, and particularly to humans. It is a key geographic term.[1]

Biological population densities

Population density is population divided by total land area.[1]

Low densities may cause an extinction vortex and lead to further reduced fertility. This is called the Allee effect after the scientist who identified it. Examples of the causes in low population densities include:[2]

- Increased problems with locating mates
- Increased inbreeding

Different species have different expected densities. R-selected species commonly have high population densities, while K-selected species may have lower densities.[3] Low densities may be associated with specialized mate location adaptations such as specialized pollinators, as found in the orchid family (*Orchidaceae*).

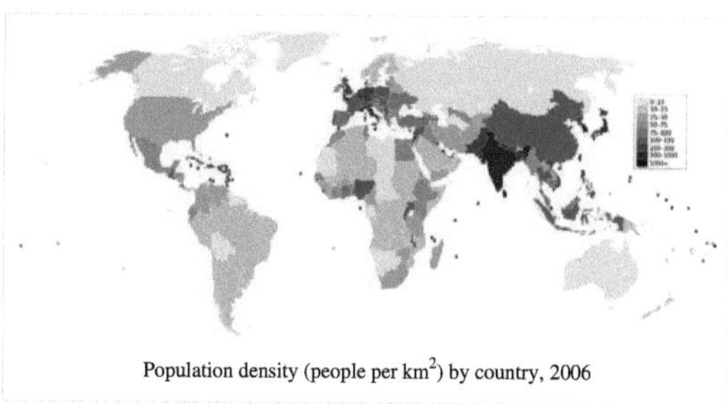

Population density (people per km^2) by country, 2006

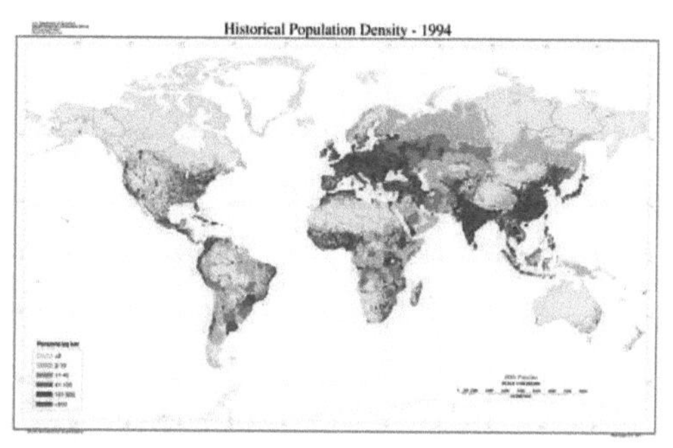

Population density (people per km^2) map of the world in 1994 (detailed).

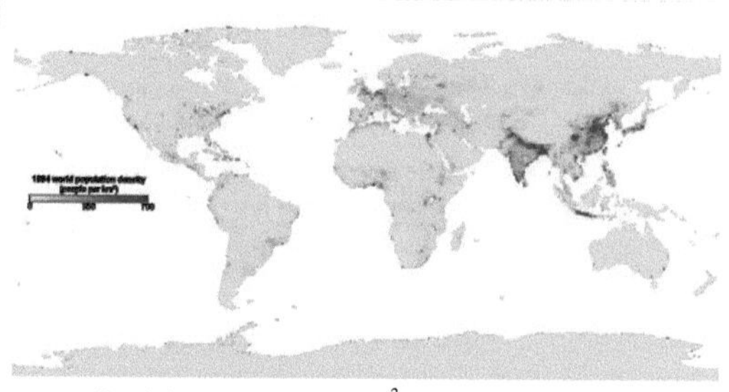

Population density (people per km^2) map of the world in 1994.

Human population density

For humans, population density is the number of people per unit of area usually per square kilometer or mile (which may include or exclude cultivated or potentially productive area). Commonly this may be calculated for a county, city, country, another territory, or the entire world.

The world's population is 6.8 billion,[4] and Earth's total area (including land and water) is 510 million square kilometers (197 million square miles).[5] Therefore the worldwide human population density is 6.8 billion ÷ 510 million = 13.3 per km² (34.5 per sq. mile). If only the Earth's land area of 150 million km² (58 million sq. miles) is taken into account, then human population density increases to 45.3 per km² (117.2 per sq. mile). This calculation includes all continental and island land area, including Antarctica. If Antarctica is also excluded, then population density rises to 50 people per km² (129.28 per sq. mile).[1] Considering that over half of the Earth's land mass consists of areas inhospitable to human inhabitation, such as deserts and high mountains, and that population tends to cluster around seaports and fresh water sources, this number by itself does not give any meaningful measurement of human population density.

Sai Yeung Choi Street South in Mong Kok, Hong Kong, one of the most densely populated places in the world

Mongolia is the least densely populated country in the world; Monaco is currently the most.

Several of the most densely-populated territories in the world are city-states, microstates, micronations, or dependencies.[6] [7] These territories share a relatively small area and a high urbanization level, with an economically specialized city population drawing also on rural resources outside the area, illustrating the difference between high population density and overpopulation.

Cities with high population densities are, by some, considered to be overpopulated, though the extent to which this is the case depends on factors like quality of housing and infrastructure and access to resources.[8] Most of the most densely-populated cities are in southern and eastern Asia, though Cairo and Lagos in Africa also fall into this category.[9]

City population is, however, heavily dependent on the definition of "urban area" used: densities are often higher for the central municipality itself, than when more recently-developed and administratively separate suburban communities are included, as in the concepts of agglomeration or metropolitan area, the latter including sometimes neighboring cities. For instance, Milwaukee has a greater population density when just the inner city is measured, and not the surrounding suburbs as well.[10]

As a comparison, based on a world population of seven billion, the world's inhabitants would, as a loose crowd taking up ten square feet per person (Jacobs Method), would occupy a space roughly the size of Fiji's land area.

Other methods of measurement

While arithmetic density is the most common way of measuring population density, several other methods have been
developed which aim to provide a more accurate measure of population density over a specific area.

- **Arithmetic density**: The total number of people / area of land (measured in km² or sq miles).
- **Physiological density**: The total population / area of arable land.
- **Agricultural density**: The total *rural* population / area of arable land.
- **Residential density** : The number of people living in an urban area / area of residential land.
- **Urban density** : The number of people inhabiting an urban area / total area of urban land.
- **Ecological optimum**: The density of population which can be supported by the natural resources.

See also

- Human geography
- Idealized population
- Optimum population
- Population bottleneck
- Population genetics
- Population health
- Population momentum
- Population pyramid
- Rural transport problem
- Small population size

Lists:

- List of cities by population
- List of cities by population density
- List of European cities proper by population density
- List of islands by population density
- List of countries by population density
- List of U.S. states by population density

References

[1]   About.com (http://geography.about.com/od/populationgeography/a/popdensity.htm)

[2]   Minimum viable population size (http://www.eoearth.org/article/Minimum_viable_population_size)

[3]   Density-Dependent Selection (http://science.jrank.org/pages/48388/Density-Dependent-Selection.html)

[4]   (http://www.census.gov/main/www/popclock.html)

[5]   (https://www.cia.gov/library/publications/the-world-factbook/geos/xx.html)

[6]   Department of Economic and Social Affairs Population Division (2009) (.PDF). *World Population Prospects, Table A.1* (http://www.un.
org/esa/population/publications/wpp2008/wpp2008_text_tables.pdf). 2008 revision. United Nations. . Retrieved 2009-03-12.

[7]   The Monaco government uses a smaller surface area figure resulting in a population density of 18,078 per km²

[8]   Human Population - Global Issues (http://www.globalissues.org/issue/198/human-population)

[9]   The largest cities in the world by land area, population and density (http://www.citymayors.com/statistics/largest-cities-density-125.html)

[10] The Population of Milwaukee County (http://www.wisconline.com/greenmap/milwaukee/population.html)

External links

- Selected Current and Historic City, Ward & Neighborhood Densities (http://www.demographia.com/
  db-citydenshist.htm)

pfl:B'velgerungsdischd

Article Sources and Contributors

National Wholesale Liquidators *Source*: http://en.wikipedia.org/w/index.php?title=National_Wholesale_Liquidators *Contributors*: Arichnad, Arnold Hito, Arnoldhitoaliaj, Blah28948, DGG, EdGl, Johnpacklambert, Mikaey, Njbob, Ser Amantio di Nicolao, Sjkop123, TenPoundHammer, TheListUpdater, Tkrepel, Urbanrenewal, Woohookitty, Xnatedawgx, 12 anonymous edits

West Hempstead, New York *Source*: http://en.wikipedia.org/w/index.php?title=West_Hempstead%2C_New_York *Contributors*: 1stAmendment, Acather96, Amdk, Americasroof, Antlersantlers, Barry253, Blooski, Bluskee, Brewcrewer, Can't sleep, clown will eat me, CaughtLBW, Ccradio, Cmr08, Discospinster, Enigmaman, Enviroboy, Factothy, Factual items, Fang Aili, Favonian, Gjs238, Greatal386, Grk1011, Gurchzilla, HelloAnnyong, Ilitt1, Iohannes Animosus, J.delanoy, JBC3, JNW, JavierMC, Jeff G., Jllm06, Jmundo, John Cardinal, Kenmareexile, La Pianista, LarryBoord, Likelife, Lunchscale, Marcliebman, Maxim, Mcliebman, Meh86, Mild Bill Hiccup, MrChupon, Mrmets26, Nc-dragon, OllieFury, Paukrus, Polly, Quentin X, Ram-Man, Readymade01, Rich Farmbrough, Ricosuave1439, Rjd0060, SHREKSTATUS2008, Sanfranman59, Sceptre, Scott Paeth, Senjuto, Snowman4lifejdod17, Someoneislying, Stepp-Wulf, Swanrizla, Theusernameiwantedisalreadyinuse, Toddst1, UtherSRG, WngLdr34, Zakery678, Zimbabweed, 170 anonymous edits

Discount store *Source*: http://en.wikipedia.org/w/index.php?title=Discount_store *Contributors*: 4twenty42o, Andycjp, Bearnfæder, Beland, Bungle, Caldorwards4, CanisRufus, Da Vynci, Dale Arnett, Drmies, FiP, Floridasand, Francvs, Gene Nygaard, Grunt, Gtrmp, Hmains, Joren, Khatru2, Koavf, Lambertman, Lightvision, Macy, Martarius, Melaen, Mintleaf, OlEnglish, Oleh Kernytskyi, Olinga, Orlady, OtherPerson, Personline, Provelt, SchuminWeb, Scoty6776, Steinsky, TenPoundHammer, Thomas Blomberg, Tmonzenet, Tuxide, Wackymacs, Woohookitty, 36 anonymous edits

Brand *Source*: http://en.wikipedia.org/w/index.php?title=Brand *Contributors*: 10digits, 119, 130.94.122.xxx, 45strutt, AEF, AGToth, Aathira G Krishna Mallya, Accurizer, Achangeisasgoodasa, Adam.J.W.C., AdjustShift, Adraeus, Ae-a, Aeon1006, Ahoerstemeier, AjiNIMC, Alansohn, Alfpooh, Algarrobo, Allstar86, Altenmann, Ancheta Wis, Andre.Michael, Andrew c, AndrewHowse, Andrewpmk, Andychapel, Andyjsmith, Angela, Angelastic, Angie Y., Anilstrums, Anna Lincoln, Anna512, AnnaFrance, AnnalisaShanghai, Antara singhania, Anville, Apparition11, Arnoutf, Art10yoj, Arthena, Ask123, AssetInfo, Avjoska, Avoided, Ayavi, Azikate, Azim ul haq, BAKA4lyfe, BEmichael, Babrinton, Bella262, BillyPreset, Binadot, BioPupil, Bishonen, Bkwon, BlackTerror, Blanchardb, Blogtheristo, Bobfrombrockley, Boblenin, Bonadea, Bongdentoiac, Boston, Bourkestephen, Brandface, Brandguru, BrandlandUSA, BrendelSignature, Brentes, Brian Crawford, Brianga, Bud08, Bunchofgrapes, BuzzWoof, Byronsharp, CTZMSC3, CWii, Calvin 1998, Can't sleep, clown will eat me, Capricorn42, Cavrdg, Cbintern, Cds013, Cenarium, Ceyockey, Chalermson, Chamli Tennakoon, CharlotteWebb, Cheeseslope, Chris the speller, Christopher Mahan, Chuq, Cjs56, Ck lostsword, ClairSamoht, Clappingsimon, Clarel88, Closedmouth, Cobaltbluetony, Cochese8, Codetiger, Conversion script, Cookefilm, Cool3, Corsicanu, Crobzub, Curps, Curtisjayelectric, Cutler, CyborgTosser, D.brodale, DDerby, DS5000, DShantz, Damian Sim, Damian Yerrick, DancingPenguin, Daniel Olsen, Danlev, Dannyglix, Darren searson, Dasani, David Martland, Davidhowse, Daztaff, Delldot, Den fjättrade ankan, Dennis Bratland, Dersonlwd, Designanimal, Designforlogo, DeweyQ, Dezignr, Dionyziz, Dismas, Dmit, DocWatson42, DocendoDiscimus, Docu, Domm3000, Dorotheou, Dryusufkamal, Dublinblue, Ducheyn, Dufftech, Durgavdevi, Dwarf Kirlston, E-Kartoffel, ERcheck, EagleFan, EdwinHJ, Eeekster, Egyptianholiday, Ehheh, Eigenfrog, Eleven even, Elf, Elgraphio, Emodinol, Epbr123, Epischedda, Error -128, Escape Orbit, Esprit15d, Esrever, Ev, Ewlyahoocom, Exciiral, Fabrictramp, Fairsing, Faithlessthewonderboy, Falcon8765, Fantadrink11, Faradayplank, Farside, Fbooth, Figaro, Finell, Focusfields, Forring, Fourmiz59, Franchise Consultant, Fratrep, Fredrik, Funandtrvl, Futureobservatory, G from B, GK, Gallantg, Gallantgifts, GeeJo, Geniac, Gert7, Getonyourfeet, Gilliam, Ginsengbomb, Gisle l, Gizzakk, Glidinpelican, Glutengirl, GoCubs88, Gogo Dodo, GoingBatty, Gr1st, Gracefool, GraemeL, Grafen, Greyfedora, Grstain, Grunt, Gyokomura, H Bruthzoo, Hadal, Hahnchen, HamburgerRadio, Hans Dunkelberg, Happy5214, Harami2000, Hardeak, Hardeak1, Harryboyles, Havanafreestone, Hdupont15, Hechung, Hemant bamoriya, Hetar, Hgastaldi, HiDrNick, Hiberniantears, Hillel, Himanshuking, Horrid Henry, Hotlorp, Hpfan1, Hu12, Hugh Mason, Hugh2414, Husond, Hyacinth, Hyperbrand, IGod, IW.HG, Iain, Ievolution, Infoapex, Infrogmation, Interiot, Inwind, Iq., Iridescent, Ixfd64, J.delanoy, JForget, JackPercival, Jamcib, Jameshfisher, Jbuckpitt, Jdtyler, Jeandré du Toit, Jeff3000, Jeffrey Scott Maxwell, Jennie.brass, Jeremiah Mountain, Jeronimo, Jevansen, Jim.henderson, Jimbo16454, Jkatzen, Jmcc150, Joblamma, Jodok, JoelLimberg, Jojit fb, Jokestress, Jossi, Jsmorse47, JzG, K ideas, KC Panchal, Kaeso Dio, Karenmharvey, Katieh5584, Kazzmedia, Kbh3rd, KingTT, Kingfish, Kipoc, Krusada, Kuru, Kusunose, L Kensington, LCD z, LDMerriam, Ldmerriam, Leafyplant, Lekoman, LepoRello, Lesleys, Liftarn, Lightmouse, Limpan, Linkerjpatrick, Linkspamremover, LittleDan, LizardWizard, Lo Ximiendo, Logomage, LordofPens, Lotje, Luckyluke, Lumbercutter, M.bay, MBisanz, MER-C, MFSchar, MStraw, Madhero88, Magikwilly83, Maley26, Marilyn Tong, Mark D Hardy, Mark83, MarkBuckles, Markonen, Martarius, Maryettacampbell, Matt Gies, Mattahl, MattieTK, Maurreen, Mav, Maven111, Maximus Rex, MaysimFan, Meelar, Meisele, MeltBanana, Mephistophelian, Mets501, Mhockey, Miapoll, Michael Hardy, MichaelTinkler, Microtrace, Migulski, Mikael Häggström, Mike Cline, Mikevan, Mikevan9, Mild Bill Hiccup, Mishapetrik, Mjquinn id, Mlease, Mlinder, Mloehr, Mmxx, Mohsenkazempur, Moink, Moxfyre, MrOllie, Msmith32, Mstmaurice, Msundarraj, Musical Linguist, Mydogategodshat, Mzajac, NERIUM, NaBUru38, Nakon, NawlinWiki, Ncmoulee, Neutrality, Newby7110, Newone, Nialldimex, Nick, Nihiltres, Nikay, NiteowIneails, NordhornerII, Nurg, Nyagulye, Nzgabriel, Ob667, Oberst, Ocaasi, Oceanhahn, Octahedron80, Ohnoitsjamie, Oicumayberight, OlEnglish, Olegwiki, Oneeyedog, Onorem, Ontarioboy, Oreo Priest, Otsontek, Ouanda, Pablo323, Pamri, PanosLadas, Pasixxxx, Passing mouse, Patrick, Patstuart, Paul August, Pavel Vozenilek, Pdavis1, Pedant, Pedant17, Pengo, Perksplus, Peter Harriman, Petri Krohn, Pgk, Philafrenzy, Philip Trueman, Phutton, Piano non troppo, PierreToromanoff, Piklas, Pinethicket, PippinFudge, Pjrich, Plasticup, Pne, Poccil, Politepunk, PranksterTurtle, Prasunkundu, ProhibitOnions, QueenCake, Qwfp, R'n'B, RHaworth, RJFJR, RWardy, Ragoon, Rahulkr23, RaseaC, Rayc, Reinsarn, RexNL, Rich Farmbrough, Rich257, Ricky81682, Rintrah, Rlanda, Rmhermen, RobMeyerson, Roberta F., RoboAction, RockItNJ, Romeu, Ronz, Rwchindapol, Rxnd, Ryansales, Rynsaha, S.K., SamBlob, Samavacorp, Sap123, Sarabatterby, SasiSasi, Sawblade5, Schappacher, Scheinwerfermann, Schmiteye, Sdisc, Semifinalist, Shanes, Shuialkx, Silverxxx, Simonwoo888, SiobhanHansa, Sir Edgar, Sitikchai, Sivaguru300, Skier Dude, Slgcat, Slj, Slon02, Snaxe920, Snoyes, Sole Soul, SolidVersed, Son, Sonikrana, Spencer, Spencerk, Spirelli, Spoonbranding, SpuriousQ, Srleffler, Srnelson, Stardotboy, Steamebec, Steel, SteinbDJ, Stephenw32768, Stepneh1, Steveb2010, Steven J. Anderson, Stevexwikix, Stombs, Studio1st, Sunainakhurana, Swingriver, SyreX, Syvanen, TV & films, Tabletop, Tapintida, Tarun04, Tchonch, Tcncv, Technopat, Texture, Thartdyke, The Anome, The Jack, The Thing That Should Not Be, TheJoWo, Thebreaker, Thefourdotelipsis, Thegreenj, Theo10011, Theroyr, ThiefCorbin, Thingg, Thiseye, Three-quarter-ten, Timdew, Tmarek, TobiasK, Tom1211, Tothebarricades.tk, Tpbradbury, Tradcom2010, Tregoweth, Tris10469, Trusilver, Tumble, Tyheyn, U608854, Ukexpat, Ulric1313, UnkleFester, Utcursch, Vega.sims, Veinor, Venturemedia, Versageek, Versus22, Vicki Rosenzweig, Vilords, Vitaly, Vodu, Vreality, Vriullop, WLU, Wahoona, Walke774, Waso99, Wavelength, Wayne Slam, Weißnix, What no2000, WhatamIdoing, Wickey-nl, Wik, Wiki Raja, Wiki alf, Wimt, Wizzzzman, Wmahan, WolfmanSF, Woohookitty, Wossi, Wuhwuzdat, Xxpunkcheese98xx, Yakushima, Yewtree1968, Yonatan, Yoninah, Zienalzien, Zoicon5, Zpb52, Zundark, Zzuuzz, Zzyzx11, Милан Јелисавчић, ‏حم دم ىفطسم ىسيد, 1004 anonymous edits

Furniture *Source*: http://en.wikipedia.org/w/index.php?title=Furniture *Contributors*: A bit iffy, Abbel Danbai, Adashiel, Adhyatma3010, Agent doberman, Ahxnccj, AlainV, Alainr345, Alex Rio Brazil, Altenmann, Andycjp, AngelOfSadness, Antandrus, Antique republics, Anziom, Ap, Artware, Astragal, BD2412, Ballin989796, Barek, Barek-public, Barrympls, Batam2008, Beit Or, Benchod456, Bhumiya, Bjankuloski06en, Black Kite, Bluebiru, Blueboy96, Borgx, Brownlee, Caesura, Caltas, Capricorn42, Carl.bunderson, Celtic Harper, Cent-Hero, Chimpcheesy, Cihk, ClockworkLunch, Cmprince, Coemgenus, Computermonitor, Contfurns, Cytan23, D, DVD R W, Dark Mage, Darlenekaitlene, David Gale, Davodd, Desk, Decoratrix, Decorforless, Demka, Den fjättrade ankan, Deomondo, DerHexer, Dhruvpat, Dina, DjScrawl, Doc Tropics, Dogears, Donarreiskoffer, Doublecross104, Doulos Christos, Dozen, DropDeadGorgias, EWikist, Edcolins, Elmmapleoakpine, Eric outdoors, Erwin, Eskandarany, Espoo, Everyking, Ewanmorgan, FFLH100, Fastily, Feezo, Filemon, Finlay McWalter, Floridi, Francs2000, Fredgoat, FreplySpang, Ftaylorc, Funandtrvl, GUllman, Gentle Reader, Georgy-001, Gilliam, Glane23, Glenn, GoWFB, Gogo Dodo, GoingBatty, GoldenGoose100, Gpw1234, GraemeL, Graham87, Grahambambrough, Greentea01, Greyh235, H Padleckas, H9e3k80, Hadal, Hankwang, Haros, Haza-w, Hebes, Hede2000, Hephaestos, Heron, Herostratus, Hmains, Hreyesg1, Hu12, IceDragon64, Igotashaftforyou, In Defense of the Artist, Ipigott, J. Finkelstein, J.delanoy, JLCA, Jack Bethune, Jakswan, James255, Jamesjunfan, Jaxl, Jeff Muscato, Jeff3000, Jengod, Jersey99, Jerzy, Jetsetta14, Jimmy Edwards00, Jimmy Flores, Jimtimuk100, Jj137, Jkatzen, Joekoz451, Johnibravo, Johnwhite79, Johnybrown54, Josen, Joyous!, Jpc4031, Jtnoonan90, Kabir office, Kalust01, Kirgyt12, Klaus Bertow, Kunchan, Kungming2, Kyuss-Apollo, Lcg79, Lexowgrant, LilHelpa, Limerickfurniture, Linkspamremover, Lizbrown 1989, Lorelakyab, Lowellian, Luigizanasi, Luna Santin, MER-C, Mac, Magog the Ogre, Majorly, Manuel de Sousa, Marasmusine, Marcobarra, Masem, Maston01, Mavo98, Mazurka231, MdReisman, Mefio, Melaen, Mentifisto, Mindray, Mithridates, Moketronics, MrOllie, Needscurry, NeilN, Newone, Nicolae Coman, Nikhilch, Nikola Smolenski, Nurg, Occono, Ohnoitsjamie, Oldlaptop321, Olivier, Outriggr, PAULDIXONGEORGE, Patrick, Paul August, Perceval, Persian Poet Gal, Peter Horn, Phoebe, Piano non troppo, Profero, Promking, Qst, QuiteUnusual, RHaworth, Radagast83, Rajkiandris, RaseaC, Redhead83402, Redvers, RetiredUser2, Rhobite, Richard Ye, Richman271, RidingSkySong, Robedesign, Roland Sheldon, Romanm, RuM, Rubenescio, Rupunkel, Rusty2005, SWAdair, Sampras123456, Samw, Sannse, Sarah1997, Sarah19971997, Saxifrage, Sfdan, Shanes, Shark96z, Sheehan, Sietse Snel, SimonP, Sintaku, Slike2, Snhaetnhlaonncg, Spalding, SpikeToronto, StellaMT, Stephenb, Steve nova, Stormie, Surjitsingh uk, Swaaye, Symane, Symennerren, THB, Tarquin, TastyPoutine, Tfadams, The Mystery Man, TheCatalyst31, TheLeopard, Theda, ThuranX, TimothyTaylor, Timpo, TinaTinka, Tinton5, Titanic5000, Tmol42, Tom Allen, Tomer T, Tonitannous, Tony Corsini, Toyokuni3, Tropicana100, Udimu, Ukexpat, V111P, Vary, Versageek, Vildricianus, Vrenator, Walton One, Warofdreams, Wars, Wdfarmer, Wetman, Whosyourjudas, WikHead, Wikiboss123, Winstondrywall, Wk muriithi, Wood-furniture, Woodking24, Xyzzyplugh, Yansa, Yekrats, Zaqarbal, Zoney, ZooFari, Zzuuzz, 401 anonymous edits

Chapter 11, Title 11, United States Code *Source*: http://en.wikipedia.org/w/index.php?title=Chapter_11%2C_Title_11%2C_United_States_Code *Contributors*: 0, 15.253, AeonicOmega, Allencas1no, Alvindy, Andrewpmk, AngoraFish, Antoshi, Arakunem, ArthurWeasley, BD2412, Beefball, Beland, Bender235, Blaiseball, Bporopat, BrownHairedGirl, Bzmarko, Capricorn42, Captainreorg, Casimir Declan O'Conchobhar, Charliearcuri, Christofurio, CliffC, Conversion script, Coopdog620, Danielcohen, Deepred6502, Discospinster, Diupwijk, Dolovis, Doulos Christos, Drdisque, DudeFromWork, EECavazos, Eastlaw, Echoray, Ellsworth, Exciiral, Famspear, Flawiki, FrankFlanagan, Fughghettaboutit, Funnyfarmofdoom, Gaius Cornelius, GoldRingChip, Gothbag, Griffin5, Haukurth, Hmains, HoulihanLokey, Hunterizzle, James-Chin, Janefo1, Jasonuhl, Jauerback, Jenhidiah, Jesse Viviano, Jjjsixsix, JoeWiki, John Maynard Friedman, Jordancpeterson, Joseph Solis in Australia, Jza84, KGasso, Kbh3rd, Kent Wang, Kermit2, Kf4bdy, L33th4x0rguy, Lamro, LeaveSleaves, Legis, Lingust, Lotje, Mdfst13, Mhockey, Michaelzeng7, Mikexstudios, Mitsukai, Mkcmkc, Monkeyman, Moohoon0120, MrOllie, NapoliRoma, NerdyNSK, Nopetro, NuclearWarfare, Owen, Oxymoron83, Palfrey, Phil Boswell, PhilKnight, Philip Trueman, Phyzome, Pmsyyz, Postdlf, Pradeep.esg, REDyellowGreenBLUE, RR, Radiojon, Raellerby, Rich Farmbrough, Richmd, RickButteIV, Rune.welsh, Saludzzter, Saunders4565, Scheinwerfermann, SchuminWeb, Sekicho, Shadowjams, Sharpeiforever, Shlomif, Signalhead, SkyWalker, Sleske, Ssiidd, Steve7795, Stw, Stwalkerster, TOttenville8, Tempshill, TenPoundHammer, TerraFrost, TheBoompsy, Toussaint, UnitedStatesian, Vagary, Vanished user 39948282, WhosAsking, Why Not A Duck, Wikidea, Wk muriithi, Yellowdesk, Yeokaiwei, Zzuuzz, 236 anonymous edits

Chapter 7, Title 11, United States Code *Source*: http://en.wikipedia.org/w/index.php?title=Chapter_7%2C_Title_11%2C_United_States_Code *Contributors*: Ajwebb, Alvindy, Amplifymybiz, Azzayan, BD2412, Bankruptcycenter, Blueboy96, Bryan Derksen, Cander0000, Capricorn42, Cburnett, Cflm001, Ckstewar@sbcglobal.net, CliffC, Cmichael, Cntras, Cyberbytes, Cybercobra, DS1953, Dotty'sgoinglikethis, Drae, E-Kartoffel, EECavazos, Eastlaw, Edward, Ellsworth, Epbr123, Evilincarnate, Famspear, Fixer1234, Flawiki, Flowanda, Galoubet, Gastonsantos, Ghostalker, GoldRingChip, Gothbag, GraemeL, Griffinlaw75, Gvillelaw, Hamstar, Haukurth, Honestshrubber, Idag, JacqDeBonkr, Jbublick, Jehnidiah, Jerryseinfeld, Jesse Viviano, JoeWiki, JohnI, Kbh3rd, Kenjamesz, Kenyon, Kuru, L33th4x0rguy, Law, Leszek Jańczuk, Linkspamremover, Manny2530, Martin451, Mateo SA, Matt powers, Mboverload, Mhockey, Michael93555, Monkeyman, MrOllie, Nightscream, Nihiltres, Nmgehi, Ntshadow, Ohnoitsjamie, Osasnet, Ozgod, Patchouli, Patrickcolvin, Philfreo, Postdlf, Prodreview, Psiphiorg, RG2, RGustafson, Rich Farmbrough, Robinbo, Ronark, RossF18, Rune.welsh, Sdx1234, ShaunMacPherson, Sheaton319, Smolaw, TOttenville8, Tempshill, That Guy, From That Show!, Toussaint, UnitedStatesian, Vagary, Voidxor, WaldoJ, Websterwebfoot, Wikipelli, Yankeerudy, Yogiyeager, 130 anonymous edits

Hempstead (town), New York *Source*: http://en.wikipedia.org/w/index.php?title=Hempstead_%28town%29%2C_New_York *Contributors*: Akuryo, Americasroof, Antony-22, Ary29, Auasr, Auric, Baa, Badderdendem, Bentley4, Big Bird, Brianski, Canterbury Tail, Cg41386, Chrisieboy, Citicat, CrazyC83, Dale Arnett, DanTD, Deathsythe, Dr.K., Duffman, ErikNY, Francisco Leandro, Franklinatlantic, Freechild, Fumitol, Fxhomie, Gjs238, Grk1011, Ground Zero, Hempstead31, Herrboy, Ilitt1, Ingridjames, JBC3, JHunterJ, Jackrobertos1996, Jim.henderson, JimWae, Jllm06, Jocoman, JonC0001, KirkCliff2, Lolfuture, LrdChaos, MSJapan, Meadowbrook, MissCherryPi, Mr Accountable, Mrsanitazier, Mstermer, Nightstalker12, Nothing444, Novis-M, Nyttend, Parrotingpuppet, PaulHanson, Postdlf, Revas, Rheinmaiden, Rich Farmbrough, RoyBoy, Scanz851, Senjuto, Shortride, Sligocki, Someone the Person, Stepp-Wulf, Sullynyflhi, Swimm12984, Sylent, Tamajared, Template namespace initialisation script, Theeditor93, Tkynerd, Tom Vazquez, TommieP, TwinsMetsFan, WhisperToMe, WikiDan61, ZachPruckowski, Zimbabweed, Zoicon5, 111 anonymous edits

Population density *Source*: http://en.wikipedia.org/w/index.php?title=Population_density *Contributors*: 1234r00t, 1297, 21655, 2mcm, 45Factoid44, 4halsop, A-giau, A. Parrot, A.Ou, Abhijitsathe, Achim Jäger, Addihockey10, Agentbla, Ahoerstemeier, Alansohn, AlexD, Alexjohnc3, Andre Engels, Andycjp, Anthonyz747, Aphaia, Apokryltaros, Aranel, Areology, Astuishin, Aude, Avicennasis, Aziz1005, B.d.mills, Barend, Barneca, Biederman, Blacklite, Blaircorrigan, Blanchardb, Bobblewik, Bogdangiusca, BrainyBabe, Brianlo747, Bricklayer, Brisvegas, BrokenSegue, Bsadowski1, Buchanan-Hermit, Bwilkins, CUSENZA Mario, Calabe1992, Candorwien, Catgut, Cdc, Cenarium, Chimpex, Ckatz, Cliff smith, Clovis Sangrail, Coffee, CommonsDelinker, Corpx, Courcelles, Cretog8, Cwgordon7, D. Cerv, DCEdwards1966, DL81292, DancingPenguin, Darth Panda, Davidcannon, Dekisugi, Desiphral, Diaboli, Docu, Donarreiskoffer, DoorFrame, Drmgrvy, Dysprosia, E Pluribus Anthony, ERobson, Eagle4000, EdGl, Edgar181, Edward, Eeyore tim, Egg Centric, Eggman64, Eleassar777, Elekhh, Elmsat, Elockid, Epbr123, Eric Sandholm, EugeneZelenko, Excirial, Extra999, Eyedubya, Eyeofhorace, Farosdaughter, Figureskatingfan, Filemon, Func, GFW82, Garion96, Gcorral, GeeJo, Geremia, Gergis, Ghaly, Gidonb, Ginsengbomb, Glen, Gnosis1185, Gog, Gparalikidis, Graculus, Grafen, Gryffindor, HGB, HalfShadow, Hallows AG, Hamedog, Helix pomatia, HenryLi, Hermitage17, Heron, Hitman012, Hoplophile, HornetMike, Hsm rocks ya right, Hypertall, Hégésippe Cormier, INeedANameThatIsFunny, Ibbn, Introvert, Iridescent, Island, J.delanoy, JNW, JUSTM3-X, Jacob.jose, Jake Spooky, JavierMC, Jaw959, Jds10912, Jeff G., Joblio, JohnDoe0007, Johnuniq, Jorgeposada14, Joseph Philipsson, Joseph Solis in Australia, Josisb, Jpk, Jprksh, Jrein59, Kaare, Karl-Henner, Karok, Keenan Pepper, Keilana, KenFehling, Ketiltrout, Kgorman-ucb, Kingturkey, Klparrot, KnowledgeOfSelf, Kr4ft, Kransky, Kurieeto, Kyle1278, L Kensington, Lakers, Latebird, LcawteHuggle, LeaveSleaves, Leks81, Leszek Jańczuk, Levineps, Liftarn, Lightmouse, Logose, Lotu, Lucas175, LukeStewart, Luxborealis, Lytsio, MER-C, MJCdetroit, MaNeMeBasat, Mack2, Malcolmxl5, MapsMan, Marc Lacoste, Marek69, Mark J, Martial75, Matt Yeager, Maximus Rex, McSly, Mgnbar, MidgleyDJ, Miguel.mateo, Mindmatrix, Mintleaf, Missmarple, Moreschi, Motoxrampage101, Mrbuddhafreak, Mschlindwein, Mxn, NLikhov, NTK, Nagy, Nakon, Naval Scene, Neko-chan, Nentrex, Nepenthes, NewEnglandYankee, Newbyguesses, Nick C, Noah Salzman, Nunquam Dormio, Nyttend, Olly150, Olsonnnnn, Ongar the World-Weary, Orestimba49, PBP, Panicburststs, Patrick, Pax:Vobiscum, Pearle, Pengo, Pgan002, Phaust, PhilKnight, Philip Trueman, Physchim62, Piano non troppo, PierreAbbat, Pigman, Pleasetouchme, Popsracer, Professionalsmartpeople1, Pumpmeup, Quasipalm, R Lowry, R'n'B, RLeopard, RTV User 545631548625, Radishes, Random User 937494, Readyhairman, Remuel, Rev. John, ULC, RexNL, Rgdboer, Riana, Richard Warrington, Rmhermen, Romanm, Ronhjones, RoyBoy, Ryaelt, Ryan Valdés, SDC, Samrager, SarekOfVulcan, Sarenne, Scohoust, Shizhao, Simmania, Sin Harvest, Skinnyweed, SmthManly, Snowolf, Snowolfd4, Spencer, Srasku, StaticGull, Ste, Steven Zhang, Steveprutz, Stormie, Sumahoy, Sunoco, Superm401, Surfbear335, Symode09, TGalt, Tabitcorne2, TaintedMustard, TakuyaMurata, Tangotango, Tanzy97, Taykp, Tbhotch, Tellyaddict, Terence, The Anome, The Hybrid, The Thing That Should Not Be, Thecaeser, Thehelpfulone, Thekohser, Thermalite, Thucydides of Thrace, Thunder8, Timeshifter, Tktktk, Tlc61, Tobias Galtieri, Tom harrison, Tomatoman180, Topbanana, Torchwoodwho, Tradewater, Tree Kittens, Trengarasu, Triesault, Tsxado, Tuanglen, Una Smith, Uncle Dick, Uuuusssseeeerrrrnnnnaaaammmmeeee, Vegard20, Violetriga, Vollex, Vranak, Waggers, Wangi, Wavelength, WeißNix, Wereon, Will Beback, Wilsbadkarma, Wimt, Yellowtruck, Ylem, Yngvadottir, Zanimum, Zap Rowsdower, Zfr, Zzuuzz, Александър, अमित भटनागर, 606 anonymous edits

Image Sources, Licenses and Contributors

File:West-hempstead-ny-map.gif *Source*: http://en.wikipedia.org/w/index.php?title=File:West-hempstead-ny-map.gif *License*: unknown *Contributors*: United States Census Bureau

file:USA New York location map.svg *Source*: http://en.wikipedia.org/w/index.php?title=File:USA_New_York_location_map.svg *License*: unknown *Contributors*: User:NordNordWest

File:Red pog.svg *Source*: http://en.wikipedia.org/w/index.php?title=File:Red_pog.svg *License*: unknown *Contributors*: Anomie

Image:Walmart exterior.jpg *Source*: http://en.wikipedia.org/w/index.php?title=File:Walmart_exterior.jpg *License*: unknown *Contributors*: see

File:Coca-Cola logo.svg *Source*: http://en.wikipedia.org/w/index.php?title=File:Coca-Cola_logo.svg *License*: unknown *Contributors*: AVRS, Adambro, AnonMoos, Bryan, D2513850, Deerstop, Denniss, ELeschev, Editor182, Hautala, Herbythyme, Matthias M., Peachey88, Pmsyyz, Psantora, Rimshot, Starscream, SteveSims, 9 anonymous edits

File:Relationship between trade marks and brand.jpg *Source*: http://en.wikipedia.org/w/index.php?title=File:Relationship_between_trade_marks_and_brand.jpg *License*: unknown *Contributors*: User:LepoRello

File:Mobil manuals.png *Source*: http://en.wikipedia.org/w/index.php?title=File:Mobil_manuals.png *License*: unknown *Contributors*: Eigenfrog

File:English & Hebrew Coke labels.jpg *Source*: http://en.wikipedia.org/w/index.php?title=File:English_&_Hebrew_Coke_labels.jpg *License*: unknown *Contributors*: User:Yoninah

Image:Dining table for two.jpg *Source*: http://en.wikipedia.org/w/index.php?title=File:Dining_table_for_two.jpg *License*: unknown *Contributors*: Jeremy van Bedijk

Image:Skara Brae house 1 5.jpg *Source*: http://en.wikipedia.org/w/index.php?title=File:Skara_Brae_house_1_5.jpg *License*: unknown *Contributors*: User:Wknight94

File:Arca de la Batalla de Anghiari (M.A.N. 51936) 01.jpg *Source*: http://en.wikipedia.org/w/index.php?title=File:Arca_de_la_Batalla_de_Anghiari_(M.A.N._51936)_01.jpg *License*: unknown *Contributors*: User:Zaqarbal

File:Rietveld chair 1b.jpg *Source*: http://en.wikipedia.org/w/index.php?title=File:Rietveld_chair_1b.jpg *License*: unknown *Contributors*: User:Ellywa

File:Stainless Steel Talbe with FSC Eucalyptus wood Ecodesign.JPG *Source*: http://en.wikipedia.org/w/index.php?title=File:Stainless_Steel_Talbe_with_FSC_Eucalyptus_wood_Ecodesign.JPG *License*: unknown *Contributors*: User:Alex Rio Brazil

Image:Sendai Tansu.jpg *Source*: http://en.wikipedia.org/w/index.php?title=File:Sendai_Tansu.jpg *License*: unknown *Contributors*: Original uploader was Kunchan at en.wikipedia

File:TownOfHempsteadHall.jpg *Source*: http://en.wikipedia.org/w/index.php?title=File:TownOfHempsteadHall.jpg *License*: unknown *Contributors*: User:SreeBot

File:Hempstead-town-map.gif *Source*: http://en.wikipedia.org/w/index.php?title=File:Hempstead-town-map.gif *License*: unknown *Contributors*: United States Census Bureau

Image:Map of Nassau County, New York,highlighting the Town of Hempstead.PNG *Source*: http://en.wikipedia.org/w/index.php?title=File:Map_of_Nassau_County,_New_York,highlighting_the_Town_of_Hempstead.PNG *License*: unknown *Contributors*: Revas, 1 anonymous edits

File:Jones_Beach_WantaghPkwy_Approach.jpg *Source*: http://en.wikipedia.org/w/index.php?title=File:Jones_Beach_WantaghPkwy_Approach.jpg *License*: unknown *Contributors*: R.Sullivan (sullynyflhi)

Image:Countries by population density.svg *Source*: http://en.wikipedia.org/w/index.php?title=File:Countries_by_population_density.svg *License*: unknown *Contributors*: Miguel Contreras, Guatemala

File:World_population_density_1994.png *Source*: http://en.wikipedia.org/w/index.php?title=File:World_population_density_1994.png *License*: unknown *Contributors*: User:QuartierLatin1968

Image:Population density with key.png *Source*: http://en.wikipedia.org/w/index.php?title=File:Population_density_with_key.png *License*: unknown *Contributors*: User:Keenan Pepper, User:SG

Image:Crowd in HK.JPG *Source*: http://en.wikipedia.org/w/index.php?title=File:Crowd_in_HK.JPG *License*: unknown *Contributors*: User:Hamedog

File:TariatLandscape.jpg *Source*: http://en.wikipedia.org/w/index.php?title=File:TariatLandscape.jpg *License*: unknown *Contributors*: User:Doron

Printed by Books on Demand GmbH, Norderstedt / Germany